ものすごい研究図鑑

キミのなぞもキミの世界を変える！？

Gakken

研究って何？

人間は、知を共有する生き物です。古来、人間は知をアップデートして、便利な技術や豊かな文化を築いてきました。知を探究するこの営みのことを、研究といいます。

例えば、みなさんは地球が太陽の周りを回っていることは知っていますよね。今では当たり前とされているこの考え方は、かつては当たり前ではありませんでした。16世紀の初めごろまでは、地球の周りを太陽や他の天体が回っていると考えられていたのです。この考え方は天動説と呼ばれ、人間が住んでいる地球こそが宇宙の中心であるというキリスト教の教えと合致していることもあり、当時のヨーロッパでは常識とされていました。

2

しかし、ポーランドの天文学者コペルニクスは、天動説では惑星の複雑な動きをうまく説明できないことに疑問をもち、地球が太陽の周りを回っていると考えれば合点がいくことに気がつきました。この考え方を、地動説といいます。コペルニクスの説は不完全なものでしたが、初めて望遠鏡を使って天体観測をしたガリレイや、膨大な観測データをもとに天体の動きを理論的に説明したケプラーらによって、地動説は天動説より優位なものとなっていきました。

知を探究し、受け継いできたのは、科学の分野だけではありません。例えば、今私たちが暮らしている民主主義社会のルーツは、300年近く前の哲学者たちの思想にあります。

古来、哲学者たちは、なぜ戦争は終わらないのか、どうしたら終わらせることができるのかを考え続けてきました。17世紀イギリスの哲学者ホッブズは、本来人間とは、自分の権利を守るために他者を攻撃し、争いを続けるものであると考えました。そこで、国民が国家に権利を預ける代わりに、国家に服従するという「契約」を結ぶことで、争いのない社会を築くことができると主張しました。

一方、国民が国家と「契約」を結ぶという考え方を踏襲しつつ、新しい思想を唱えたのが、18世紀フランスの哲学者ルソーでした。ルソーは、国民が国家に権利を預ける代わりに、国民みんなで共通の利益を追求するという「契約」を結ぶことで、平等な社会を築くことができると考えました。

ルソーの考え方は、王さまに服従することが当たり前だった当時のヨーロッパ社会に大きな影響を与え、今日の民主主義社会の原理となりました。

もちろん、一つの研究で世界が変わることなんて、めったにあることではありません。そもそも、誰もが世界を変えたいと考えて研究をしているわけではありません。

天文学者たちは「なぜ惑星は時々、いつもと反対方向に動いているように見えるのだろう」、哲学者たちは「なぜ人間は戦争をやめることができないのだろう」と考え、知的好奇心の赴くままに研究をしてきました。その営みが、何十年、何百年にわたって続いた結果、世界を変えたのです。

世の中には、まだ解き明かされていない不思議がたくさんあります。地球外に生命は存在するのか。ウイルスがどのように感染症を引き起こすのか。この本では、そうした謎を解き明かすべく、さまざまな研究に取り組んでいる12名の先生たちを紹介します。

現代の日本において、研究を支える国や大学などの予算は潤沢とはいえず、研究者を取り巻く環境は厳しい状況にあります。しかし、それでも研究者たちは、今日も知を探究しています。いつかきっと、自分の営みが未知の発見につながると信じて。

さあ、個性豊かな12名の先生たちの研究の世界を覗いてみましょう。あなたがもっと知りたいと思うテーマが見つかったら、それがあなたの「研究の種」になるかもしれません。

もくじ

File 01

余った白菜で環境にやさしいコンクリートを爆誕させちゃった先生

東京大学　酒井雄也

10

File 02

光源氏の禁断の恋に魅了されて古典文学沼にハマった先生

京都大学　金光桂子

20

File 03

ゲームに使えるだけじゃない！VRが社会や教育に役立つ可能性を追求する先生

東京大学　雨宮智浩

30

File 04

世界中の動物約30000個体のDNAを解析してきた先生

京都大学　村山美穂

40

File 05

朝起きて読むのはロシア軍の新聞!?情報を駆使して世界の安全保障に挑む先生

東京大学　小泉悠

50

File 06

第二の地球を求めて生命を宿す惑星の条件を探る先生

京都大学　佐々木貴教

60

研究にまつわる基本用語集
130

キミに向いている学問診断
132

研究の種を育てるアイテム
134

File 12

悪いことばかりじゃない！
ウイルスが人間にもたらす恩恵に注目する先生

京都大学　牧野晶子

120

File 11

前提を疑う哲学のアプローチで
問題が山積みの精神医療に向き合う先生

東京大学　石原孝二

110

File 10

世界観が壮大すぎる!?
謎多き古代インドの神話を読み解く先生

京都大学　横地優子

100

File 09

ジブリ映画で観た飛行機にあこがれて
空の交通整理に取り組む先生

東京大学　伊藤恵理

90

File 08

考古学はロマンだけじゃなく苦労も多いけど
奇跡の発見を信じて遺跡を掘り続ける先生

京都大学　吉井秀夫

80

File 07

あいまいな表現が多すぎる
法律に悩む人たちを助けたい先生

東京大学　平田彩子

70

余った白菜で環境にやさしいコンクリートを爆誕させちゃった先生

野菜や果物で新しい素材をつくる!

そこで私は、コンクリートに代わる建設材料の開発に取り組んでいます。原料として目をつけたのは廃棄食材。約30種類の食材を試した中で、白菜を使った素材が最も高い強度を示しました。

コンクリートを取り巻く問題はいっぱい

コンクリートは砂や砂利をセメントと水で接着することでつくられますが、砂や砂利の不足や、セメントの製造過程での大量の二酸化炭素の排出が問題となっています。

月の砂も使えるかも!?

セメントを使わずに直接砂どうしをくっつける技術の開発にも取り組んでいます。この技術を応用すれば、月の砂を使って月面基地をつくることも不可能ではないかもしれません。

File 01

酒井雄也先生

東京大学 生産技術研究所 准教授

File 01

余った白菜で環境にやさしいコンクリートを爆誕させちゃった先生

ビルや道路をつくるのに必要なコンクリート

その原料である砂や砂利が世界的に不足し
セメントの製造過程では大量の二酸化炭素が排出されることが問題となっています

そこで私は地球にやさしく強いコンクリートをつくる研究をしています

砂や砂利に代わる原料として注目しているのが廃棄食材です

野菜の葉や果物の皮などを乾かしてパウダー状にし

白菜の外側の葉が…

オレンジの皮　コーヒー豆　お茶っ葉

熱で圧縮して成形すると丈夫な素材ができるんです

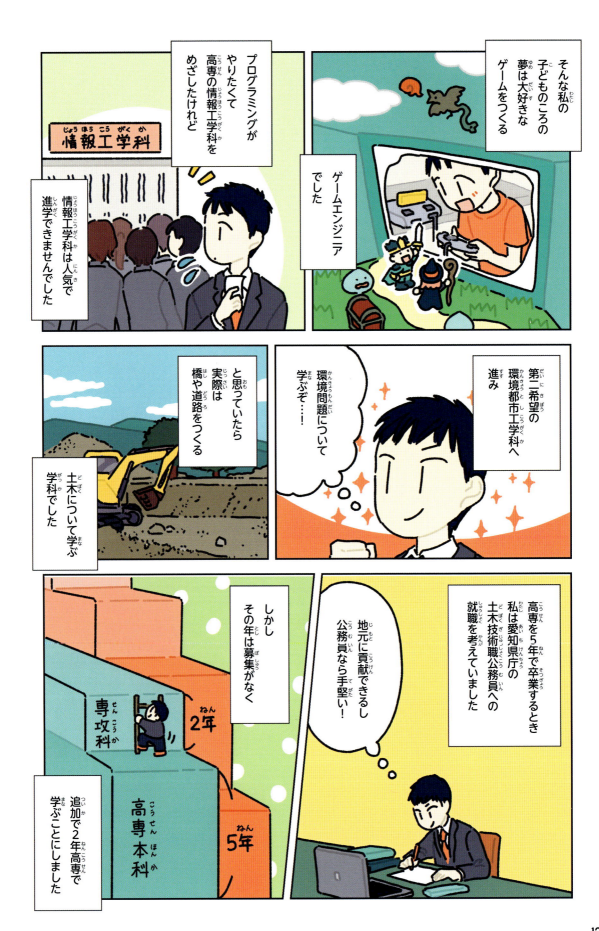

File 01

酒井先生ができるまで

余った白菜で環境にやさしいコンクリートを爆誕させちゃった先生

夢はゲームエンジニアだった

愛知で生まれ育ちました。子どものころは『ドラゴンクエスト』シリーズなどのロールプレイングゲームでよく遊んでいました。ゲームエンジニアにあこがれ、プログラミングを学んでみたいと思い、中学校の担任の先生のすすめで、地元の高専（社会の即戦力となる技術者を育てることを目的とした高等教育機関）へ進学しました。

環境問題にも興味があった

近所の川や池での釣りを通して、生き物や自然に興味をもちました。子ども向けの科学雑誌が好きで、付録のキットでおばけえびを育てたこともあります。環境問題について考えるようになったきっかけも、雑誌の付録のキットで酸性雨の測定実験をしたことでした。夏休みの作文コンクールでそのことを書いたら、賞をもらうことができました。

プログラミングってかっこいい!

その後、橋の強度や安全性の評価を専門とする研究室で研究を行い、恩師となる川西直樹先生と出会いました。川西先生は、老朽化した橋の補修や、地震に耐える橋の設計などを、プログラミングや実験を通じてシミュレーションしていました。川西先生にあこがれた私は、高専卒業後に東京の大学院へ進学し、研究を続けることにしました。

地元の公務員になろうとしたら

入学後5年間は、土木工事に必要な測量や製図などの技術を学びました。卒業後は公務員になって地元に貢献しながら安定した人生を…と思い、愛知県庁の土木技術職公務員の採用試験を受けようとしたのですが、その年はたまたま募集がありませんでした。募集がないなら仕方ないと思い、追加で2年間、高専でより専門的な技術を学ぶことにしました。

コンクリートとの出会い

好奇心の赴くままに大学院へ進んだものの、修士課程を修了したあとは就職しようと思っていました。しかし、大学院で出会った先生方が自分の研究テーマを生き生きと語る姿を見て、大学の先生になるのも楽しそうだと思い、大学院に残ることを決めました。そのころに出会ったのが、現在の研究テーマであるコンクリートです。

第一希望の情報工学科に入れず…

高専では、念願のプログラミングを学ぶため情報工学科に入ろうとしたのですが、その年の情報工学科は人気が高く、入ることができませんでした。それならせめて、関心のある環境問題を勉強しようと、「環境」と名がつく環境都市工学科に入ったのですが、実際には環境問題ではなく土木（道路や橋などをつくること）について学ぶ学科でした。

地球にやさしい建設材料を

コンクリートの環境への影響に着目した私は、コンクリートに代わる建設材料をつくる研究を学生たちと始めました。これまで流れに身を任せて進路を選択してきましたが、結果として、プログラミングや環境問題にかかわる仕事ができていることに、人生のおもしろさを感じています。少しずつ商品化も進んでおり、夢はふくらむばかりです。

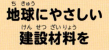

15

酒井先生の研究はここで生まれる！

東京大学 生産技術研究所 酒井研究室

東京大学生産技術研究所は、120名を超える教授、准教授、講師がそれぞれ研究室を持ち、国内外から1000人以上の研究者たちが集まる工学専門の研究所です。大学附属の研究所としては、日本最大級の規模を誇ります。

その中で私たちは、コンクリートを中心とした建設材料の研究を行っています。廃棄食材を用いた素材の開発では、当初、粉砕したお茶っ葉などを約200℃の熱で成形していましたが、原料が焦げたりドロドロになったりして、うまくいきませんでした。しかし、食材ごとに最適な温度の熱をかけなければならないと気がついてからは、実験はスムーズに進み、数か月で研究成果が出ました。

いろいろな野菜や果物をオーブンで乾燥させたり、ミキサーにかけたりするときの実験室はまるで台所のよう。最近では、砂糖や塩、コンソメなどの調味料を加えると、建材の強度が上がることがわかってきました。残る課題は、食べられる防水剤と組み合わせて、耐久性を上げることです。

中国やタイ、インドネシアやミャンマーの学生もいます

実験室は

この日は学生のひとりが、ルイボスティーを原料とする素材で、コースターを試作していました。

粉々にする
乾燥させた野菜や果物を、この粉砕機でパウダー状にします。

乾燥させる
まずはこの乾燥機で、野菜や果物を乾燥させ、フリーズドライにします。

写真提供：東京大学 生産技術研究所 酒井研究室

File 01

まるで巨大な台所!?

余った白菜で環境にやさしいコンクリートを爆誕させちゃった先生

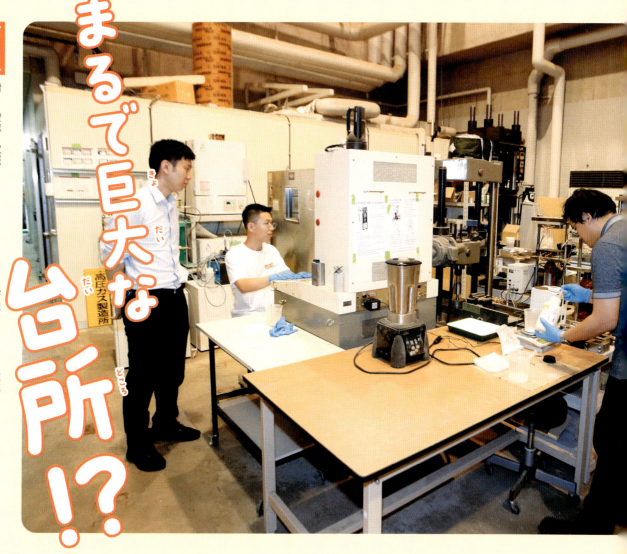

強度を測る

小型の板状のサンプルができたら、この測定機に設置して3点を曲げ、強度を測ります。

3点に力をかけ強度を測定

加熱してプレスする

パウダー状になった野菜や果物を金型に入れ、熱で圧縮・成形します。最適な温度や圧力は食材によって異なります。

写真提供：東京大学 生産技術研究所 酒井研究室

酒井先生の研究をくわしく！

コンクリートを取り巻く問題は山積み

ビルや道路の建設材料であるコンクリートは、砂や砂利をセメントと水で接着することでつくられます。世界でその需要が爆発的に増える中、ちょうどよい砂や砂利が不足していることや、セメントの製造過程で大量の二酸化炭素が排出されることが問題となっています。

そこで私は、砂や砂利、セメントを使わないコンクリートの開発に取り組んでいます。

最強のコンクリートは白菜製！？

まずは、セメント以外のものを接着剤として、コンクリートのがれきを接着できないかと考え、実験をしました。そこで、廃棄される木材を、がれきとともに粉砕し、水を加え、熱して圧縮・成形すると、通常のコンクリートよりも曲げ強度（折れ曲がるまで耐える強さ）の高いコンクリートができました。

このコンクリートでは、木材の成分の一つであるリグニンががれきを接着しています。リグニンは多くの植物に含まれるため、木材の代わりにお茶っ葉で試したところ、香りのよい素材ができました。そこで、いっそ食べられる素材はどうかと思い、キャベツやオレンジの皮など、約30種類の廃棄食材で試したところ、建設材料として十分な強度の素材ができました。硬いカボチャの皮やゴボウが有力かと思いきや、いちばん強いのは白菜で、通常のコンクリートの約4倍もの曲げ強度がありました。

これらの素材は、野菜や果物の中の糖分が、熱によって溶け、食物繊維のあいだに流れ込み、冷えて固まることで、強度が上がると考えられます。白菜はこの糖分と食物繊維のバランスが絶妙であるために、最も高い強度を示したのではないかと思っています。

野菜や果物でコンクリートができる！

作製に成功したサンプルの例
左からキャベツ、オレンジ、タマネギ

写真提供：東京大学 生産技術研究所 酒井研究室

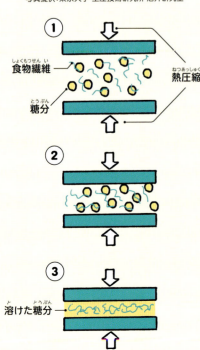

① 食物繊維／糖分／熱圧縮
②
③ 溶けた糖分

18

File 01

月面基地の材料が現地調達できる日も近い？

月の砂でもコンクリートができる!?

月の模擬砂から製造した硬化体

月の模擬砂（ニチレキ株式会社から提供）
製造した硬化体
写真提供：東京大学 生産技術研究所 酒井研究室

余った白菜で環境にやさしいコンクリートを爆誕させちゃった先生

接着剤を使わずに、直接砂どうしをくっつける技術の開発にも取り組んでいます。その技術は、砂にアルコールと触媒（化学反応の反応速度を大きくする物質）を入れて加熱するというもの。砂の主成分の二酸化ケイ素が、アルコールと反応して溶け、テトラアルコキシシランという液体と水になるのですが、さらに240℃で加熱し続けると、今度は反応が逆向きに進み、テトラアルコキシシランが再び固まります。それが砂と砂のすき間を埋めて、砂どうしをくっつけるのです。実験に成功した当初は、通常の

コンクリートに比べ10分の1ほどの強度でしたが、今は大幅に改善し、コンクリートを上回る強度を達成できました。

この技術は、二酸化ケイ素を主成分とする月の砂に応用できる可能性があります。月の表面温度は、昼間は110℃にもなります。240℃ではなく110℃で製造できたら、月面では加熱装置が不要になると考え、実験をしました。その結果、110℃では加熱し続けても固まりきらず、湿ったドロドロの状態になりましたが、それを105℃で加圧して乾燥すると、コンクリートの強度を超える素材ができました。この技術を応用すれば、将来的には、月面基地の建材を現地調達できるようになるかもしれません。

> 月面の温度は高いときで約110℃もあるので、加熱装置いらずでコンクリートがつくれるかも!?

酒井先生からのメッセージ

自分のペースで大丈夫

興味のあることが見つからない人は、
何かに夢中になっている人が周りにいると
劣等感を覚えることがあるかもしれません。私もそうでした。
でも、周りを気にせず自分のペースでやっていけば、
きっと自分にあった何かが見つかります。

酒井雄也

光源氏の禁断の恋に魅了されて古典文学沼にハマった先生

『源氏物語』以後の作品だってスゴイ!

一方で、後世の文学作品は『源氏物語』を模倣しているとして、これまであまり評価されてきませんでした。それらの作品の個性を見出し、再評価する研究にも取り組んでいます。

『源氏物語』は超画期的な作品だった!

平安時代の女流作家・紫式部が、光源氏と女性たちの恋愛模様を描いた『源氏物語』は、後世の物語文学に大きな影響を与えました。私は、その具体的な影響について研究しています。

古典文学はまるで暗号!?

活字化されていない古典文学を読むには、当時の手書きの文字（くずし字）を読み解く必要があります。現代の仮名と異なるうえに、句読点や濁点がついていないので、解読に苦労します。

File 02

金光桂子 先生

京都大学 大学院 文学研究科 教授

File 02

光源氏の禁断の恋に魅了されて古典文学沼にハマった先生

私は平安時代後期から鎌倉時代に都の貴族社会でつくられた物語の研究をしています

その多くが『源氏物語』の影響を受けていて「真似ているだけだ」「価値がない」といわれていました

しかしそれぞれの作品の個性を見直そうという動きがあり私も研究を始めました

共通した特徴はというと…どれも禁断の恋を描いているのです

みんな、そういうお話が大好きなんですね

『有明の別』『松浦宮物語』『我身にたどる姫君』

この三つの物語が主な研究対象です

子どものころは外遊びが苦手で本ばかり読んでいました

『物語日本史』全10巻が家にあり小学2年生のときから何度も読み返し…

今でもどこに何が書いてあるか覚えているほどです

40回くらいは通読したでしょうか

物語日本史 学研

これをきっかけに歴史が好きになりました

歴史

21

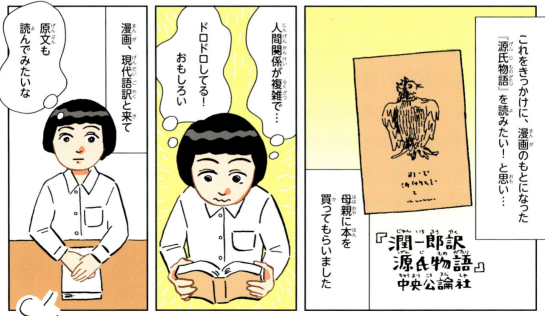

File 02

光源氏の禁断の恋に魅了されて古典文学沼にハマった先生

NHKラジオの古典講座で『源氏物語』の原文を聴いてみました

へえ…

これが初めて原文に触れた出来事です

さらに岩波文庫の原文も読みました

言葉はわからへんけど…ストーリーは頭に入ってるし理解できる！

高校に入学 古文の授業中

レベルは高いけど理解できる 『源氏物語』を読んでいたおかげかな？

そして高1のある日 塾の帰り道で

文学部に入って…古典文学の研究をしよう！

今となってはなぜ突然そんなことを思いついたかわかりません

ただ明日どうなるかもわからないし好きなことをやらないと損だと思ったのは確かです

File 02

金光先生ができるまで

光源氏の禁断の恋に魅了されて古典文学沼にハマった先生

夜空に浮かぶ月を見て進路を決断

研究の道を志したのは高校1年生のときです。それまでは読書が仕事につながるとは思っておらず、漠然と「公務員になろうかな」と考えていました。ところがある日、塾からの帰り道に、夜空に光る月を見て「大学で古典文学を勉強しよう」と思い立ちました。なぜ突然そんなことを思いついたのかわかりませんが、一度しかない人生、後悔したくありませんでした。

読み物で歴史にハマった少女時代

神戸に生まれ育ちました。外遊びが苦手で、空いている時間はもっぱら読書。姉が持っていた学研『物語日本史』を読んだり、近所の本屋で学習漫画を立ち読みしたりして、歴史が好きになりました。子ども向けの古典文学シリーズもひととおり読みましたが、古典文学によく登場する「禁断の恋」がごまかして書かれていたので、よく理解できませんでした。

1日10時間の読書漬け!

念願かなって京都大学文学部へ進学。講義の合間に図書館に通っては、古典文学の原文や研究書を読み漁りました。このころの読書量は、1日10時間くらいだったのではないかと思います。『源氏物語』を研究したいと意気込んでいたのですが、先行研究の多さに圧倒されてしまったため、『源氏物語』よりあとの時代の文学を研究することにしました。

原文に触れて『源氏物語』沼へ

漫画、現代語訳…と来て、次に原文が読みたくなりました。すると、NHKラジオでやっていた古典講座を母親が見つけてきて、『源氏物語』の原文が読まれているのを聴きました。それが初めて原文に触れた日です。岩波文庫のオリジナルの『源氏物語』も買ってもらいました。言葉はわからないながらも、ストーリーは頭に入っているので理解できました。

漫画で『源氏物語』に出会う

中学校に進み、古文の授業が始まったころ、平安時代の女流作家・紫式部の名作『源氏物語』を大和和紀さんが漫画化した『あさきゆめみし』を友人に借りて読みました。『あさきゆめみし』では、「禁断の恋」も赤裸々に描かれていたので、ドキドキしながら読みました。漫画の原作である『源氏物語』も読んでみたいと思いました。

同じ『源氏物語』のファンとして後世の物語の作者に共感

平安時代後期~鎌倉時代の物語文学は、『源氏物語』の影響を大きく受けています。私自身『源氏物語』のファンなので、作者に共感しながら影響を受けた箇所を探すのはとても楽しいです。一方で、これらの文学作品は『源氏物語』の陰に隠れ、長いあいだ評価されてきませんでした。埋もれていた作品に光を当てることも、私の役割だと思っています。

谷崎潤一郎の現代語訳もすてき!

明治から昭和にかけて活躍した小説家・谷崎潤一郎の『源氏物語』を母親に買ってもらいました。『源氏物語』には与謝野晶子などさまざまな作家による現代語訳がありますが、谷崎訳の『源氏物語』は、登場人物が詠む和歌を原文のまま載せているのが特徴のひとつです。百人一首を通じて和歌に親しんでいた私には、谷崎訳は魅力的に映りました。

25

金光先生の研究はここで生まれる！

京都大学 大学院 文学研究科 金光研究室

> 毎日本の森に埋もれています

私が所属している国語学国文学専修は、主に日本の古い時代の文学を研究対象としています。『万葉集』や『源氏物語』、『平家物語』などの有名な作品を思い浮かべる人が多いと思いますが、実際の研究対象には一般的に知られていない作品もたくさんあります。ほとんど研究されていない古い資料を自分の力で発見し、分析していくことは、大きな喜びです。

国文学では、作品の価値を論じるにあたり、まず作品を正しく読み解きます。そのためには当時の日本語の言葉や文法、歴史的背景を学ぶ必要があります。学生たちは、高校時代に学んだ古文の知識をベースにしながら、それよりも広く深く日本語について学び、自身の研究対象を分析します。私が指導するだけでなく、学生どうしで議論する機会もあります。

人との出会いに加え、書物との出会いにあふれているのも京大ならでは。京大には約40の図書館・図書室があり、その蔵書数は国宝・重要文化財を含む約700万超。それらを研究に活用できる、とてもぜいたくな環境なんですよ。

後世の人が残した写本を研究

平安時代後期の物語文学『とりかへばや』の、江戸時代の写本です。オリジナルが残っている作品は少ないので、後世の人が書き写した写本を研究することが多いです。

File 02

光源氏の禁断の恋に魅了されて古典文学沼にハマった先生

番外編

ぬいぐるみでストレス軽減!?

研究に疲れたときは、ぬいぐるみを触って癒やされています。いちばんのお気に入りはこの犬のぬいぐるみ。「コウタロウ」と名づけてかわいがっています。

テキストには書き込みがびっしり!

古典文学は主語があいまいなものが多いので、学生たちは、主語別に異なる色のマーカーで文を塗りわけたり、赤ペンで解釈を書き加えたりしています。

1000年前のお宝がいっぱい！

絵巻も研究対象のひとつ。写真の左側に写っているのは、国宝『紫式部日記絵巻』のレプリカです。

金光先生の研究をくわしく！

『源氏物語』の何がそんなにスゴイの？

私は、平安時代後期から鎌倉時代にかけてつくられた物語文学を研究しています。これらの作品は、平安時代中期に成立した『源氏物語』の影響を色濃く受けており、長いあいだ『源氏物語』を真似しているだけ」といわれてきましたが、近年、作品の個性が再評価されるようになりました。それでは、『源氏物語』の何がそんなにすごかったのでしょうか。

その答えはリアリティにあると思っています。『源氏物語』より前に書かれた作品に『竹取物語』や『うつほ物語』などがありますが、いずれも月の世界のお姫さまや天人が登場するおとぎ話でした。『源氏物語』はそういうファンタジーの要素をなるべく排除して、リアリティに富んだ世界をつくり出しています。

主人公の光源氏とその周りの女性たちは、みな架空の人物ですが、実在していたのではないかと思わせるリアリティがあります。例えば、光源氏が最も愛した妻・紫の上は、幼いころにスズメを逃がして泣いているところを光源氏に見初められますが、大人になってから光源氏が新たに若い妻を迎えたことで、自分自身の生き方を内省します。この紫の上の切ない心理描写は、多くの女性の共感を呼びました。紫の上だけではありません。高貴な身分ゆえプライドが高く、素直な愛情表現ができない六条御息所や、複雑な生い立ちから心に深い闇を抱えている光源氏の息子・薫など、個性豊かな登場人物たちに、読者は自分の心情を重ねることができます。『源氏物語』の人間味あふれる心理描写は、後世の文学に大きな影響を与えただけでなく、1000年以上もの時を超えて、私たちの心を動かしているのです。

くずし字を読んでみよう！

『源氏物語』ほどの有名な作品であれば活字化されて読みやすい状態になっていますが、活字化されて読みやすい作品の場合は、当時の手書きの文字を解読する必要があります。その手書きの文字のことをくずし字といいます。くずし字はミミズがはったような文字で読みづらいうえに、現在の仮名とは異なる変体仮名が使われているので、解読するのがたいへんです。さらに、くずし字には句読点や濁点が打たれていないので、文脈から句読点や濁点を打つ位置を判断しなければいけません。

大学で古典文学を学ぶ人は、ほとんどの場合、必修の授業でくずし字を習います。慣れるまではたいへんですが、コツがつかめてくると、謎解きをしているようで、とても楽しいですよ。

28

File 02 紫の上のセリフを訳してみよう

光源氏は、あどけない少女の紫の上が、召し使いにスズメの子を逃がされて泣く様子を見て一目惚れをします。そのときの紫の上のセリフを表した次のくずし字を訳してみましょう。

光源氏の禁断の恋に魅了されて古典文学沼にハマった先生

※京都大学附属図書館中院文庫所蔵『源氏物語』写本（1531（享禄4）年写）をもとに作成

*1 犬君…幼い召し使い。
*2 伏籠…伏せておいてその上に衣服をかけるかご。

①
くずし字を読み解くと…
すゝめのこをいぬきかにかしつる

漢字仮名交じり文に直すと…
雀の子を、*1犬君が逃がしつる。

現代語に直すと…
雀の子を、犬君が逃がしてしまったの。

②
ふせこのうちにこめたりつる物を

伏籠のうちに籠めたりつるものを。

籠の中に入れておいたのに。

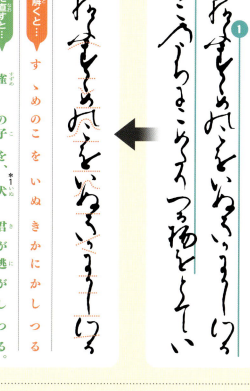

金光先生からのメッセージ

どんな経験も文学の道に通じる

文学は人がつくってきたものです。
その文学を理解するには、私たち自身の人生経験が必要です。
文学を学びたい方には、失敗を恐れずいろいろな経験をして、いろいろな感情を知ってもらいたいです。

金光桂子

ゲームに使えるだけじゃない！
VRが社会や教育に役立つ可能性を追求する先生

触覚が伝える情報量に注目

ゴーグル型端末の登場で急速に普及が進むVR（バーチャル・リアリティ）ですが、その対象には本来視覚だけではなく、触覚なども含まれます。触覚をだますと、例えば、椅子に座ったままで歩いているように感じる体験ができます。

人の感覚をだます！

だまし絵に代表されるように、現実世界と、人間が認識する世界とのあいだには「ズレ」があります。これを錯覚といい、私は錯覚を利用して人間の可能性を広げる研究をしています。

VR活用の可能性は無限大!?

このようなVRの技術は、ゲームに使われるだけでなく、実際の火災現場を再現した消防訓練や、盲導犬との歩行体験など、幅広い用途で社会に役立てられています。

File 03

雨宮智浩 先生
東京大学 情報基盤センター
教授

File 03 ゲームに使えるだけじゃない！VRが社会や教育に役立つ可能性を追求する先生

近年ゴーグル型端末を活用したゲームなどで急速に普及が進むVR（バーチャル・リアリティ）

VRは人間の感覚を巧妙にだまし仮想空間に実際にいるかのように錯覚させます

私はこのVRと錯覚の力を使って人間の可能性を広げるための研究をしています

一般的に「だます」や「錯覚」という言葉は必ずしもポジティブには用いられていません

そういったところに目をつけたのは私の性格ゆえかもしれません

私はへそ曲がりな子どもでした

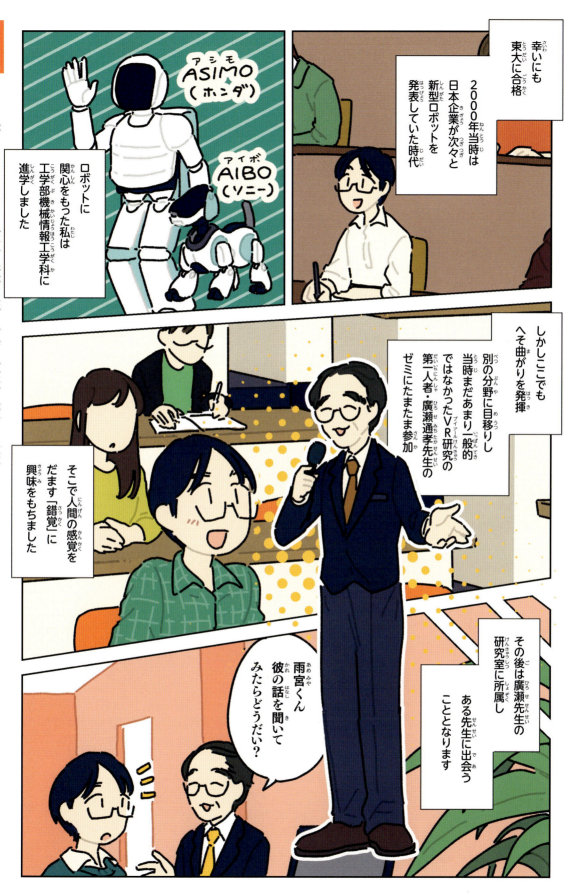

それが視覚と聴覚が完全に失われた全盲ろうの福島智先生との出会いでした

指点字
相手の手の甲に自分の手をのせ指でたたくことで情報を伝える

先生とは指点字を通じて通常の会話とほぼ同じペースでやりとりすることができます

触覚が伝える情報量の多さ

全盲ろうで東大の教授になった福島先生のすごさ…

人間の可能性に感銘を受けた私はこの人を支援するというよりもっともっとすごくしたいと思いました

こうして今日も私はへそ曲がりな視点をもちつつVRと錯覚を使って人間の可能性を広げる研究に取り組んでいます

File 03 雨宮先生ができるまで

ゲームに使えるだけじゃない！VRが社会や教育に役立つ可能性を追求する先生

ロボットより VRのほうがおもしろい!?

工学部に進むと、VR研究の第一人者・廣瀬通孝先生のゼミに参加する機会がありました。「タイムマシンをつくる」というテーマの授業で、「現実世界に少しだけ過去の情報を足すと、過去にタイムスリップしたような感覚になる」と知り、人間の感覚をだます「錯覚」に興味をもちました。こうして、廣瀬先生の研究室に所属することになりました。

全盲ろうの 福島智先生との出会い

廣瀬先生の紹介で、視覚と聴覚の両方に障害のある東大教授・福島智先生に出会いました。福島先生とは、通訳者が先生の指の上で点字を打つ「指点字」という方法を使えば、スムーズにコミュニケーションがとれます。私はこの指点字のしくみにヒントを得て、触覚をだまして人間の可能性を広げる研究をしたいと考えるようになりました。

人の役に立つ VR技術を開発したい

その後は企業の研究員なども経験。椅子を上下に揺らし、足裏に振動刺激を与えて、座ったままの状態で歩いているような感覚をつくりだす技術を開発しました。これに映像や音、風やにおいなどを組み合わせれば、歩行が困難な人が世界を旅しているような体験ができるはずです。これからも、社会や教育に役立つVR技術を開発していきたいです。

ロボットを学びたくて 工学部へ

幸いにも東大に合格。東大では1〜2年生のうちにいろいろな授業を受けて、3年生からの所属学部・学科を検討することができます。私が最もおもしろいと感じた授業は、人の行動パターンを研究する「行動認識論」でした。当時ロボットが流行っていたこともあり、ロボットをつくって人間を知るというスタンスの工学部機械情報工学科に進学しました。

せっかくならと 東大をめざす

高校ではクイズ研究会に入部し、日本テレビ主催の『高校生クイズ』の地区大会に出場しました。そんなこともあって、勉強は嫌いではありませんでした。中でも数学が好きだったので、大学では数学の勉強をしようと思いましたが、地元には数学が学べる大学がなく…。県外の大学に進学するなら、せっかくだから東大へ行きたいと考えました。

ゲームより 外遊びが好き！

VRを研究しているというと、ゲームに興味があると思われがちですが、実はゲームにはまったくくわしくありません。子どものころから、インドア派ではなくアウトドア派。山梨出身で、人の家のぶどう園に勝手に侵入して怒られたことも。戦隊モノにハマり、戦いごっこをしたり、ヒーローショーを観に行ったりするのも好きでした。

野球少年ばかりの中で サッカーを始める

昔から、みんながやっていることとは違うことをしようとする、へそ曲がりな性格でした。小学校では、同級生の多くが野球をする中で、私はサッカーをやっていました。中学校に入るとJリーグができてサッカーブームに。同級生が次々とサッカーを始めましたが、私はブームを先取りしていたことで、周りより少し上手にプレーができました。

35

東京大学 バーチャルリアリティ 教育研究センター

雨宮先生の研究はここで生まれる！

80台のカメラで3Dのリアルな

東京大学バーチャルリアリティ教育研究センター（通称・VRセンター）は、学内の部局の垣根を越えてVRの研究に取り組むことを目的として、2018年に発足しました。VRに関連する分野は情報学から医学まで幅広く、活用はほぼすべての分野にわたります。そこでこのVRセンターには、理系・文系問わずさまざまな分野の教員が運営委員として参加しています。

私たちが注目するテーマの一つにアバター（デジタル空間におけるユーザーの分身）があります。VRセンターには、人の全身をぐるりと一周、80台のカメラで取り囲み、3DCGのアバターをつくるスタジオがあります。ユーザーがVR用デバイスを使えば、VRのアバターはユーザーと同じように動きます。現実の自分は腕を5cmしか上げていなくても、アバターが10cm上げれば腕が軽くなったように感じることや、アインシュタインのアバターを使えば自分が賢くなったように感じることがわかっています。アバターを使った錯覚の体験は、人の可能性を広げるかもしれないのですよ。

雨宮研究室は2023年にできた新しい研究室です

全身を撮影

モデルを3Dでスキャニングするためには、まず360°からの撮影が必要です。このスタジオでは、80台のカメラでアバター制作に必要な画像データを入手します。

写真提供：
東京大学 情報基盤センター 雨宮研究室

File 03

アバターをつくる！

ゲームに使えるだけじゃない！VR（ブイアール）が社会や教育に役立つ可能性を追求する先生

学生3名がこのスタジオで作成した東大の教員のアバターが登場する「バーチャル東大」は、コロナ禍のオープンキャンパスの代わりとして、話題になりました。

写真提供：東京大学 情報基盤センター 雨宮研究室

写真提供：東京大学 情報基盤センター 雨宮研究室

  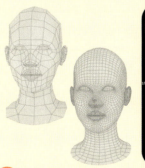 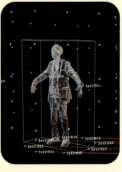

リアルなアバターに仕上げる

モデルの形ができてきたら、骨や関節、色や模様などをつけます。この工程によって、ビジュアルを実際のモデルに近づけることも、デフォルメすることもできます。

点の集まりから三角形の集まりへ

画像データは、各点がx、y、zの3つの値によって構成された高密度な点の集まりとなります。それを、三角形の面の集まりから構成される画像データに変えていきます。

37

雨宮先生の研究をくわしく！

椅子に座っていても歩行体験ができる!?

私たち人間は、現実世界をそのまま直接的に感じているわけではありません。私たちの身体にあるさまざまな感覚器（目、耳、皮膚、舌、鼻など）を通した情報を脳内で再構成することで、いわば間接的につくられた主観的な世界として、現実世界を感じています。現実世界と、私たちが認識する世界とのあいだの「ズレ」のことを、錯覚といいます。例えば、だまし絵は、平面なのに立体的な奥行きが感じられたり、鑑賞する角度によって絵が変化して見えたりしますが、これは目の錯覚によるものです。

近年はこの錯覚を利用し、コンピューターによってつくり出された仮想空間を現実であるかのように疑似体験できるVR（バーチャル・リアリティ）が注目されています。時間や空間を超えた視聴覚体験のイメージが強いですが、本来VRには、触覚や味覚、嗅覚など、五感のすべてを伝える情報技術が含まれています。私はその中でも触覚に注目し、例えば、椅子に座ったままの状態で、歩いているかのような錯覚を生み出せないかを研究しています。

これまでの研究では、**椅子を上下に揺らし、足の裏に振動刺激を与えることで、歩いているのに近い感覚をつくり出すことができました。**足の裏は歩行時に地面に接する部分であり、人間は足の裏の情報から地面の状態や材質を知覚できることが知られています。このような点から足の裏に着目し、実験ではスリッパのかかと部分に取り付けた機械によって、足の裏に刺激を与えました。この技術を応用し、映像や音、風やにおいなどと組み合わせれば、病気やケガで歩行が困難な人も、臨場感あふれる旅行体験ができるかもしれないと考えています。

椅子に座ったままで歩いているような感覚に!?

スリッパに取り付けた機械を通じて両足の裏に電気的な刺激を与える

実際に歩いているときの4分の1くらいの揺れ方で椅子を上下に揺らす

↑写真提供：東京大学 情報基盤センター 雨宮研究室

消防訓練から漫才まで広がるVRの可能性

VRというとゲームを思い浮かべる人が多いかもしれませんが、その他にもさまざまな場面

38

File 03

で活用が進められています。その一つの例が、消防士の訓練です。近年、全国的に火災件数が減り、若い消防士が実際の火災現場で経験を積むことが難しくなっています。そこで、VRで火災現場を再現し、実際の現場に近い環境で訓練を行うという試みを行っています。熱や煙の動きなども、なるべくリアルに再現しています。

また、盲導犬との歩行を疑似体験できる技術も開発しています。体験者は専用のハンドルを握って犬の動きを感じ、それに身を任せて歩行するという体験ができます。実際の盲導犬との歩行を体験できるイベントも各地で開催されていますが、そのやり方では、実施できる回数やエリアが限られてしまいます。VRを使えば、より多くの人に体験してもらうことができるでしょう。また、弱視の見え方を疑似体験できるVRゴーグルの開発にも携わっています。

他にも、バーチャルキャラクターとの会話で接客の訓練ができる「接客VRトレーナー」や、バーチャルの相方とのかけ合いでコミュニケーションスキルを向上させる「漫才VRシステム」などの開発も進めています。このように、ゲームに使えるだけじゃない！VRが社会や教育に役立つ可能性を追求する先生

いろいろな企業や団体とともに、VRの可能性を日々探っているのですよ。社会に役立つ

広がるVR活用の取り組み

VRで消防訓練

VRで盲導犬歩行体験

雨宮先生からのメッセージ

小さな研究の種を大切に

みなさんは、どうしたらゲームをクリアできるのか、動物と仲良くなれるのかなどと小さな研究をすでにたくさんしています。そういう日々の積み重ねを、ぜひ大切にしてください。

雨宮智浩

39

世界中の動物約30,000個体のDNAを解析してきた先生

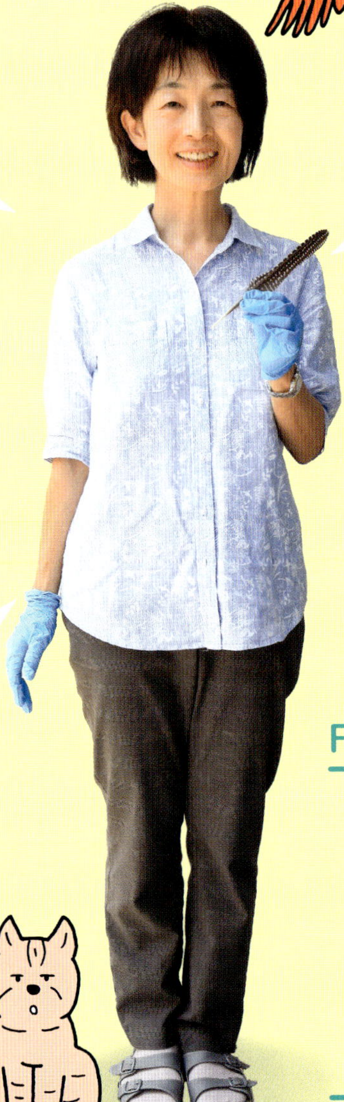

絶滅危惧種保全のカギは遺伝子!?

日本の絶滅危惧種のツシマヤマネコやニホンイヌワシなどを対象に、病気になりづらく、繁殖力が強いなどの特徴にかかわる遺伝子を探し、人工繁殖に役立てる研究もしています。

DNAから動物の個性に迫る

動物の毛や糞からDNAを採取し、1匹1匹異なる遺伝情報がどんな性格や行動の違いをもたらしているのかを研究しています。これまで、世界中の動物約30,000個体のDNAを集めました。

ガーナの野生動物を家畜化!

食料不足が深刻なガーナ共和国では、遺伝子解析のノウハウを活用し、野生動物であるグラスカッターから飼育しやすい性格の個体を選抜して、家畜化するプロジェクトを進めています。

File 04

村山美穂 先生

京都大学 野生動物研究センター
教授

File 04
世界中の動物約30000個体のDNAを解析してきた先生

私は野生動物の性格や生態を研究しています

方法としては野生動物の毛や糞から抽出したDNAの情報を手がかりにするんです

これまで世界中の動物のDNAを集めてきました

600種類くらいでしょうか

兵庫県出身で子どものころは自然豊かな場所で育ちました

いろんな生き物には触れましたが

深く知ろうとしたり種類を調べたりといったことはありませんでした

大学では理学部に進みましたが将来のことはあまり考えていませんでした

理科の先生になるとか？

私は何を専攻しようと悩んでいた中…

うーん

でも周りは…

研究者になりたい！
〇〇の研究がしたい！

圧倒されてしまいました

村山先生ができるまで

File 04

世界中の動物約30000個体のDNAを解析してきた先生

DNAからサルの父子関係を明らかに

当時、遺伝子解析は血液型などに代わって用いられ始めていた最新の技術でした。大学院ではこの技術を使ってサルの父子を判定する研究を行ったところ、サルの社会で重要な意味をもつように見えた順位は繁殖には大きく影響しないという意外な結果が得られました。見ただけではわからないことがわかる遺伝子解析のおもしろさにのめり込み、研究を続けることにしました。

サルの次はウシの研究！

こうして大学院の博士課程を修了しましたが、サルの研究では就職先が見つからず、畜産の研究所で働くことになりました。それまでと異なる専門分野に戸惑いましたが、ウシの霜降り肉の形成に関連する遺伝子の解明に取り組んだことで、サル以外の動物にも興味をもち、さらに、新しい方法や視点を得て、動物の性格に影響するような遺伝子を調べたいと思うようになりました。

サルの足が速くて追いつけない!?

研究テーマを何にするか悩んでいたとき、たまたま動物園でサル山を見ていたら、サルと人間の行動が似ていることに気づきました。「これだ！」と思い、サルを研究することに。しかし、野生のサルの観察では、サルの足の速さに追いつくことができませんでした。観察ができないぶん、どうやってサルのことを知ろうかと考えた結果、遺伝子解析に行きつきました。

動物オタクというより文学少女？

兵庫と岡山の県境の山の中で生まれ育ちました。幼いころから野生動物を目にする機会は多かったですが、動物オタクというほどではありませんでした。読書が好きで、中でもお気に入りは、少女カロリーヌと仲良しの動物たちの冒険を描いた絵本『カロリーヌのせかいのたび』。いつか私も世界中を旅してみたいと心をおどらせました。

回り道で得た自分らしさ

その後、岐阜大学を経て、母校の京都大学に戻ってきました。現在は、性格などにかかわる遺伝子の情報をいかして、日本の絶滅危惧種のツシマヤマネコやニホンイヌワシの人工繁殖や、タンパク質不足が深刻なガーナにおける野生のグラスカッターの家畜化に取り組んでいます。野生のサルに追いつけず、ウシの研究に遠回りしたからこそ得た研究スタイルは、私の宝物です。

バードウォッチングを始める

京都大学理学部に進学しました。将来のことはあまり考えておらず、ましてや「研究者になりたい」とは思っていませんでしたが、高校の生物の授業がおもしろかったので、生物の先生になれたらいいなあと考えていました。友人の誘いで、バードウォッチングのサークルにも入りました。野鳥を観察するのは楽しく、鳥の分類や系統にくわしくなりました。

文系にも興味があったけれど…

大学受験にあたり文系か理系かの選択をする際には、どちらにも興味があったので、大いに悩みました。そのときの私は悩んだ末に、文系だと本を読めば知識を得られる一方で、理系だとそうはいかないのではないかと考えました。理系には実験がつきもので、その設備を自分で用意するには限界があります。一人の力では何ともしがたい理系を選ぶことにしました。

鳥の羽根から性別を判定！

村山先生の研究はここで生まれる！

京都大学 野生動物研究センター 村山研究室

京都大学野生動物研究センターは2008年に、絶滅危惧種の保全を主な目的として設立されました。国内外の野生動物の生息地に設置した研究拠点や、連携する動物園や水族館などの飼育施設において、研究活動を行っています。飼育下での繁殖のためにはオスかメスかを正しく判別する必要がありますが、ペンギンなど見た目だけでは性がわからない種がほとんどです。そのため、全国の動物園や水族館からの依頼を受け、羽根などに含まれるDNAから性判別をすることもあります。

哺乳類や鳥類は、性染色体（性を決定づけるDNAの集合体）の組み合わせによって性判別ができます。ペンギンなどの多くの鳥類では、ZとZの組み合わせがオス、ZとWの組み合わせがメスになります。DNAを海藻からできたゲルに入れて電圧をかけると、ゲルの繊維に邪魔されて、メスの場合は大きさの異なるZ染色体とW染色体が分別されます。だから、帯が1本に見えればZZ型のオス、2本に見えればZW型のメスというように判別できるのです。

この日は動物園の依頼を受け、フラミンゴやペンギンの羽根に含まれるDNAから性判別を行っていました。

電気を流すとDNAは長さ順に並ぶ

この装置にDNAを入れたゲルを置いて電圧をかけると、短いものは速く、長いものは遅くプラス側に移動し、DNAが長さ順に並びます。

抽出したDNAの遺伝子を調査中

File 04

世界中の動物約30000個体のDNAを解析してきた先生

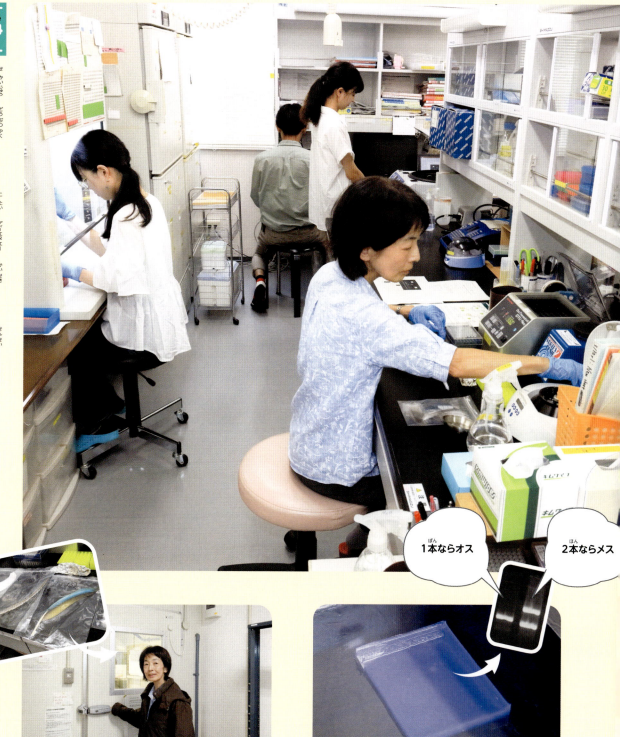

1本ならオス
2本ならメス

番外編
冷凍室は大浴場だった!?

このセンターの建物は、宿泊施設を改築したもの。地下にあった大浴場を改装し、鳥の羽根などの貴重な試料を−80℃で保存する巨大な冷凍室として使っています。

紫外線を当てるとDNAが見える

紫外線を当てると色が変わる薬品をDNAに混ぜて、ゲルごと紫外線に当てると、帯のようなものが見えます。多くの鳥類はこの本数で、オスかメスかがわかります。

47

村山先生の研究をくわしく！

動物を知る手がかりは毛や糞

動物の研究というと、動物を直接観察する様子をイメージする人が多いでしょう。しかし、野外で動物に出会うことは困難です。夜行性の動物もいますし、人が近づくと逃げてしまう動物もいます。また、飼育下でも、観察ですべてわかるとは限りません。そんな場合でも、動物の毛や糞なら拾うことができます。毛や糞に含まれているDNAを調べると、身体的特徴や体質、性格や行動パターンなどの情報を得ることができます。私は、こうした情報を、観察から得られる情報とつなげる研究をしています。

DNAとは簡単にいうと、ヒトや動物の細胞の中にある、体の設計図のこと。4種類の塩基と呼ばれる文字の組み合わせでできていて、その塩基配列のわずかな違いが個体差を生み出します。

ヒトに関する遺伝子研究の歴史は長いですが、野生動物を対象とする研究は始まったばかり。というのも、野生動物からは、DNAが多量に含まれる血液を採取することは困難でした。しかし、1990年代に、少量のDNAの調べたい部分を増幅させられるPCR法が普及すると、毛や糞に含まれる少量のDNAから遺伝情報を得ることができるようになったのです。

PCR法とは

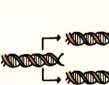

DNAなどを入れた試験管を装置にセットしてこのサイクルをn回繰り返すと…

ステップ1　94〜98℃
ステップ2　50〜60℃
ステップ3　72〜74℃

DNAの数が2のn乗の数に増える！

イヌの遺伝子から懐きやすさがわかる!?

研究テーマの一つが、性格にかかわる遺伝子です。イヌの遺伝子と性格の関連を調べた際には、イヌの唾液から採取したドーパミン受容体D4において、長い遺伝子を高頻度に持つ品種のほうが、攻撃性が高く、社会性が低い傾向にあることがわかりました。また、長い遺伝子の頻度は、イヌの祖先のオオカミで高く、家畜化の過程で、攻撃性の低い品種が選ばれてきたことがうかがえました。

このような遺伝子解析の技術を応用すれば、イヌを飼う前にイヌとの相性が予測でき、よりよい関係を築くことができるかもしれません。

48

File 04

絶滅の危機からツシマヤマネコを救え！

写真提供：サイネットフォト

対馬野生生物保護センターで飼育されているツシマヤマネコ

遺伝子解析のノウハウをいかして、絶滅危惧種のツシマヤマネコを飼育下で繁殖させるプロジェクトにも取り組んでいます。長崎県対馬に生息するツシマヤマネコは、森林の減少や交通事故などで数を減らし、野生の個体数はわずか100頭弱といわれています。そこで、糞に含まれるDNAから、病気に強いなどの繁殖に適した特徴にかかわる遺伝子を特定することで、凍結保存した卵子・精子から最適な組み合わせを効率よく選抜できるようにしています。

飼育下での繁殖は成功し、毎年のように子どもが生まれていますが、どのように野生での繁殖につなげるかが課題となっています。現在は、対馬にある環境省の施設で、野生に戻すトレーニングをしています。

世界中の動物約30000個体のDNAを解析してきた先生

ガーナの動物を家畜化し貧困問題を解決

アフリカのガーナ共和国もフィールドの一つです。人口が増加し食料不足に見舞われたガーナは、特に動物性タンパク質が不足しています。現地では、大型げっ歯類のグラスカッターという野生動物の肉が牛肉や豚肉よりも好んで食べられていますが、狩猟による生態系への影響が問題視されています。そこで、野生のグラスカッターの中から、遺伝情報をもとに飼育しやすいおとなしい性格の個体を選抜し、地元農家に家畜として飼育してもらうプロジェクトを、ガーナ大学とともに進めています。

飼育農家は40軒以上に増え、そのうち31軒の農家では繁殖にも成功。水不足の地域で保存食になればと、日本企業の協力を得て、カレー味のグラスカッター缶詰も開発しました。

グラスカッター（アフリカタケネズミ）
写真提供：ガーナグラスカッター飼育プロジェクト

村山先生からのメッセージ

与えられたチャンスを楽しもう

これしかできない、これしかやりたくないと思わずに、
いろいろとチャレンジしてみてください。
そうすればきっと、思わぬ方向から
自分が本当にやりたいことへの道がひらけます。

村山美穂

朝起きて読むのはロシア軍の新聞!? 情報を駆使して世界の安全保障に挑む先生

あの手この手でロシアを解剖!

具体的には、ロシア軍の資料を読んだり、衛星画像からロシアの軍事拠点を観察したりしています。朝起きて読むのは日本の経済紙ではなく、ロシア軍の『赤い星』という機関紙です。

ロシアって怖い国?

ウクライナに攻め込んだロシア。日本とのあいだには北方領土問題も抱えています。怖いイメージがある国ですが、ロシアを危険視しすぎず、正しく恐れるための研究をしています。

日本とロシアの関係を考える

近年ロシアは、日本の北に広がるオホーツク海で軍事活動を活発化させています。日本が直接攻め込まれる可能性は低いですが、万が一の事態に備え、安全保障戦略を考察しています。

File 05
小泉悠 先生
東京大学 先端科学技術研究センター 准教授

小泉先生ができるまで

File 05

朝起きて読むのはロシア軍の新聞!? 情報を駆使して世界の安全保障に挑む先生

身近に残る戦争の記憶

祖父は第二次世界大戦でシベリア抑留から復員し、千葉県柏市の下総航空基地で働いていました。私たち一家が松戸市に住んでいたのは、祖父の通勤に便利な土地だったからです。そんなこともあり、一家にとって戦争は身近なものでした。両親はベトナム戦争に反対し、平和運動を行っていました。

※シベリア抑留…第二次世界大戦の終戦後、ソ連軍によって、多くの日本兵がシベリアなどに無理やり連れていかれ、厳しい環境で働かされたこと。
※ベトナム戦争…南北にわかれていたベトナムの内戦に、1960年代、アメリカが介入して起こった戦争。

軍艦ってかっこいい!

小学4年生のとき、学校の図書室で『戦艦武蔵のさいご』という本を読みました。第二次世界大戦当時、「絶対に沈まない軍艦」といわれていた戦艦武蔵が、連合軍の攻撃を受けて沈没する様子を、生き残った乗組員が語ったノンフィクションです。悲惨な話に心を痛めつつも、軍艦のかっこよさに夢中になり、軍艦のプラモデルを買ってもらいました。

プラモデル屋に通う日々

初めて買ったプラモデルは今でも覚えています。重巡洋艦那智、700分の1サイズです。完成形の美しさに惚れ惚れした私は、それ以来地元のプラモデル屋に通い、お小遣いやお年玉をすべてつぎ込んでは、作品づくりにいそしみました。店には常連客として自衛官も出入りしており、彼らとの会話を通じて、軍事に興味をもちました。

ロシアの軍事オタクに

そのころ地元にできた大型書店で、マニアックな軍事情報誌『月刊 軍事研究』に出会い、軍事オタク化が決定的となりました。冷戦時代には閉ざされていたロシアの軍事情報が、ソ連崩壊をきっかけに少しずつ世に出始めたのもこのころでした。ロシアの軍用機の写真集がほしくて、東京の書店まで自転車で行ったこともありました。

研究に挫折して会社員に

ロシアの軍事を研究しようと、東京の大学、大学院へと進学しました。しかし、ロシア語の文献調査に苦しみ、逃げるように電機メーカーに就職しました。研究生活の最後に記念として『月刊 軍事研究』に原稿を送ったところ、記事を載せてもらえることに。そのあとも会社勤めのかたわら、細々と寄稿を続けました。

運命を変えた一本の電話

会社勤めも長続きせず、1年で退職。なんとかライターとして食いつなぐ日々を過ごしましたが、不思議と心は満たされていました。そんなある日、私の記事を見たという元ウズベキスタン大使の河東哲夫さんから、突然電話がかかってきました。その内容は、外務省の専門分析員としてロシアに渡ってくれないか、というものでした。

軍事オタクから軍事評論家へ

約2年間ロシアに滞在し、現地での人脈を築きながら、ロシアの軍事について調査しました。苦手だったロシア語も、どうにか苦労して習得しました。帰国後はさまざまな機関で研究するかたわら、書籍執筆やメディア出演を精力的に行っています。ウクライナ戦争が長引く今、軍事評論家としての使命感をいっそう強くしています。

小泉先生の研究はここで生まれる！

東京大学 先端科学技術研究センター 小泉研究室

お気に入りの戦闘機のプラモデルと

私が最近始めた研究手法の一つに、衛星画像の観測があります。アメリカの宇宙技術企業や海上保安庁などが提供する衛星画像などをもとに、上空からロシア軍の拠点を観測し、その活動実態を明らかにしようとしています。

例えば、2022年11月から2023年10月までの1年間、オホーツク海に面するロシアのアバチャ湾の観測を行い、どんな種類の潜水艦が何隻埠頭に停泊しているかを記録しました。アバチャ湾を拠点とする潜水艦の数と種類はわかっているので、観測結果がそれと合わないとなれば、確認できない潜水艦は何らかの理由でアバチャ湾を離れていると考えられるのです。

この観測結果と、ロシア軍が公開する限られた情報を照らし合わせた結果、2023年4月には、ミサイルを載せた主要な潜水艦がオホーツク海でパトロールを行い、それを取り囲むように複数の潜水艦が出動していたことがわかりました。こうして、衛星画像と公式の資料を組み合わせると、ロシア軍が日本の周辺でどんな動きをしているのかがわかるのですよ。

リアルタイムの動きも見られる

みなさんになじみがあるGoogle Earthも、衛星画像を提供するサービスのひとつ。その上に他の画像を重ねると、潜水艦などのライブの動きを見ることができます。

衛星画像で

ロシア周辺の海は冬になると凍るため、氷の割れ方から船がどこを行き来しているのか推測できることも。

File 05

朝起きて読むのはロシア軍の新聞!?情報を駆使して世界の安全保障に挑む先生

番外編

積みプラ中

小学生のころにハマって以来、軍用機や軍艦のプラモデルを集めているのですが、最近は制作にかける時間がなく、未開封の箱を積んでしまう日々です。

ロシアのニュースをチェックするのが日課

毎朝ロシアの新聞や雑誌をインターネット上で片っ端から読んでいます。ロシア軍の軍隊や装備の編成、えらい人の考えなどを知る手がかりになります。

ロシア軍の動きを明らかに!

57

小泉先生の研究をくわしく！

ロシアを正しく恐れるために

2022年2月24日、ロシアは隣国ウクライナに攻め込みました。この本が書かれている2024年現在も戦争は続いており、ウクライナでは確認されただけで1万人を超える一般市民が犠牲となっています。いったいなぜ、このようなことが起こったのでしょうか。

元々ロシアとウクライナは、ソビエト連邦（ソ連）を構成する国でしたが、ソ連が崩壊するとともに独立しました。かつてアメリカに並ぶ大国だったロシアは、旧ソ連の国々への影響力を取り戻そうとしますが、旧ソ連の国々はアメリカやヨーロッパの国々から成る北大西洋条約機構（NATO）に続々と加盟していきます。ロシアはこれが気に入りません。特に、民族的に同じルーツをもつウクライナまでもがNATOに加盟する可能性をロシアは強く恐れ、2014年には、ウクライナの領土を一部占領しました。現在の戦争は、ウクライナを力ずく

NATOに入りたいウクライナとそれを止めたいロシア

で支配するために、ロシアが起こしたものなのです。

長引くウクライナ戦争は、日本に暮らす私たちとも無関係ではありません。日本はロシアとのあいだに北方領土問題を抱えていますが、国後島と択捉島はロシア軍の拠点の一つとされ、戦車や戦闘機などが配備されています。また、オホーツク海には核ミサイルを搭載したロシアの原子力潜水艦が潜んでおり、アメリカからロシア本土が核攻撃を受けた場合、アメリカ本土を核攻撃できるように備えています。このように、ロシアの脅威は、私たちに身近なところにあるのです。

しかし、ロシアを過剰に恐れる必要はありません。「怖い国」「理解し合えない」などと決めつけず、ロシアを正しく恐れ、日本の安全保障に役立てるため、ロシアが何を考え、何をしようとしているのかを、私は研究しています。

File 05 日本の安全を守るには？

具体的には、ロシア軍の出している新聞や雑誌を読む、衛星画像を使ってロシアの軍事拠点を観察するなどの方法をとっています。こうして収集した情報を分析し、ロシアが日本にとって危ない動きをとっていないかを考えるのです。

今のところ、日本がロシアから直接攻め込まれる可能性は高くありませんが、ウクライナの戦争には、日本周辺に拠点をもつロシア軍も参加しています。日本の安全保障のためには、このようなロシアの動きを注意深く見ておくことが大切です。

日本の安全を守るには、何が必要でしょうか。みなさんもご存じのように、日本は憲法9条で戦力をもつことを禁じているため、他の国と協力する必要があります。特に、世界一の軍事大国アメリカとの同盟関係は非常に重要になってきます。

また、防衛力をもつことも必要です。例えば、日本は北朝鮮から飛んできたミサイルを迎え撃ち、朝起きて読むのはロシア軍の新聞!?　情報を駆使して世界の安全保障に挑む先生

つための防衛システムをもっています。もちろん、外交努力だけで平和を築けることが理想ですが、そうはいかないのが現実です。誰しも戦争は望みませんが、時に戦争は起きてしまいます。その確率をなるべく下げるのが、私の仕事だと思っています。

ロシアの脅威にどう備える？

- ミサイルを迎え撃つ防衛能力を高める
- アメリカや周辺の国々との安全保障体制を築く

小泉先生からのメッセージ

オタク仲間を待っています

私はいわゆる王道の研究者とは異なり、

オタクであることを職業にしているようなものです。

みなさんの中にも、自分が知りたいことをとことん

つきつめてみたいという方がいたら、

ぜひこちら側に来てもらいたいです。

小泉悠

第二の地球を求めて生命を宿す惑星の条件を探る先生

使うのは望遠鏡ではなくコンピューター

惑星や衛星が生まれたのは遠い昔の出来事なので、「こうだったのではないか」という仮説を立て、コンピューターで何通りも計算し、現在の観測結果に近いものを見つけようとしています。

惑星や衛星の起源を解き明かす！

惑星や衛星の成り立ちを理論的に研究しています。これまで、巨大ガス惑星という共通点をもつ木星と土星の、大きな衛星の数やサイズがなぜ異なるのかなどを研究してきました。

宇宙人の存在を科学的に検証!?

近年、土星の衛星エンケラドスに海底火山があると指摘され、生命の存在すらも期待されています。このように、地球以外に生命を宿す天体があるかについても調べています。

File 06
佐々木貴教 先生

京都大学 大学院 理学研究科 助教

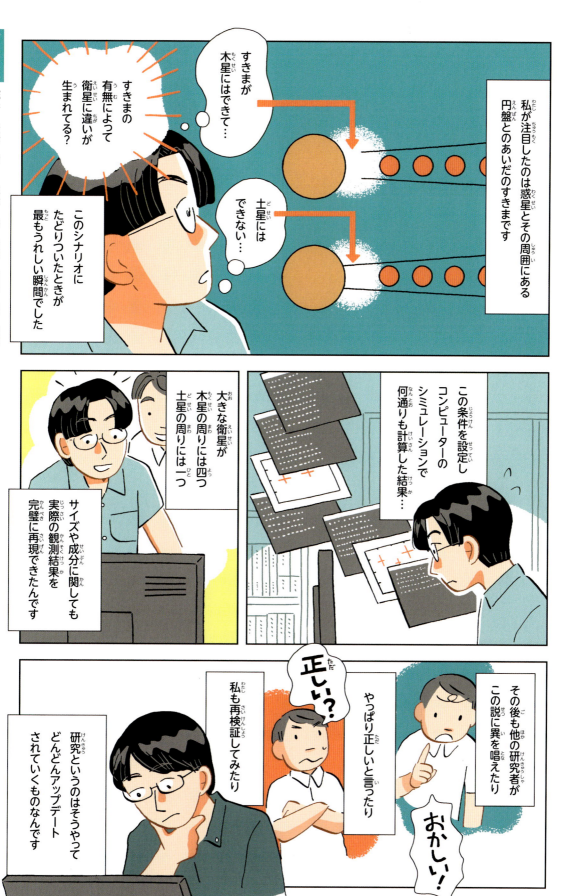

File 06

第二の地球を求めて生命を宿す惑星の条件を探る先生

佐々木先生ができるまで

自分まで天才になった気がする!?

阿部先生はかつて、地球の大気と海洋の起源を初めて合理的に説明する理論を打ち立て脚光を浴び、その後も画期的な研究成果を発表し続けたスゴイ先生です。阿部先生の授業を受けていると、自分まで天才になっていくような感覚がありました。こんな感覚は生まれて初めてでした。阿部先生とともに研究をしたい一心で、そのまま大学院へ進学しました。

木星と土星の衛星の成り立ちを研究

東大で博士号を取得後、東京工業大学では、木星と土星の衛星の数や成分がなぜ異なるのかを研究しました。惑星と円盤のあいだの「すきま」のようなものが、木星にはできて土星にはできないことに注目し、コンピューターを使ってシミュレーションをしてみたところ、実際の観測結果が完璧に再現できました。これまでで最もうれしい瞬間でした。

阿部先生からのバトンを受け取って

現在は京都大学で、学生とともに宇宙生物学の研究もしています。恩師である阿部先生は2018年、58歳の若さで亡くなりました。難病の筋萎縮性側索硬化症（ALS）と闘いながら、最期まで研究に命を燃やされ、生命を宿す天体の条件とは何かを探究されました。先生の遺志を継いで、果てしないロマンが広がる宇宙の謎を解明していきたいです。

最大の転機は阿部豊先生との出会い

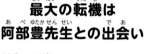

東大に入学したものの、やりたいことははっきりしていませんでした。自分が生まれた星について学んでみるかという気持ちで、3年次に地球惑星物理学科に進みました。地震、大気、海洋、古生物、地層など、いろいろなテーマの授業を受けた中で、私にとって最もおもしろかったのが地球惑星科学の先駆的研究者・阿部豊先生の授業でした。

文系脳なのに理系を志す?

「この世界をまるごと理解したい」という漠然とした思いがありました。そのためには、物理学を中心とした理系の学問をきわめる必要があると思い、東大理系をめざします。でも実は数学はあまり得意ではなく、入試でも英語と国語が得点源。今では、この他人とちょっと違うところが、むしろ研究者としての個性や強みになっていると思っています。

幼いころは宇宙への興味ゼロ!?

佐賀で生まれ育ちました。惑星科学者というと、子どものころから宇宙への興味があったと思われがちですが、そんなことはありませんでした。最大の関心事はゲーム。300本近くのカセットが自宅にあり、学校から帰ると、友だちといっしょに『ドラゴンクエスト』や『ファイナルファンタジー』シリーズなどをプレイしていました。

一度ハマったものは徹底的に味わい尽くす!

家族でクラシック音楽に夢中になりました。CDやコンサートで聴くだけでなく、日本フィルハーモニー交響楽団の九州公演の実行委員をやったり、ベートーヴェンの『第九』の演奏に合唱団の一員として出演したりもしました。いったん何かにのめり込むと、どこまでも深掘りしたいという「研究者気質」は、このころからすでにあったようです。

宇宙の研究室なのに望遠鏡がない!?

佐々木先生の研究はここで生まれる！

京都大学 大学院 理学研究科 佐々木研究室

意外だと思うかもしれませんが、私の研究室には望遠鏡はありません。望遠鏡で観察できるのは、現在の宇宙の姿ですよね。一方、私が主に研究しているのは、遠い昔に惑星や衛星がどのようにつくられたかという話ですから、望遠鏡ではなくコンピューターを使って、過去の宇宙の姿を理論的に再現する必要があるわけです。

シミュレーションを行う際には、まず「こうではないか」という仮説を立てます。次に、仮説を検証するためのモデル（数式）をつくったら、パラメータ（変数）にいろいろな値を当てはめて、コンピューターで計算します。イメージとしては、方程式のx、y、z…がたくさんあり、式の答えを正解に近づけるために、x、y、z…に当てはめる値の組み合わせを何通りも試すという感じです。

仮説が立証できたときの喜びは大きいですが、遠い昔の宇宙の話なので、誰も正解はわかりません。惑星科学は、日々新しい考え方が生まれてはアップデートされていく世界なのですよ。

スター・ウォーズが大好きな学生も！

100通りも計算！

高速で大量の計算ができるプログラムを使ってシミュレーションを行います。木星と土星の衛星の研究では、それぞれ100通りの計算を試しました。

File 06

第二の地球を求めて生命を宿す惑星の条件を探る先生

黒板に、海を持つ惑星の形成過程のイメージを描いています。このような図を描き、学生と議論しながら、仮説を考えます。

新聞を発行!?

私たちの研究活動を紹介する『京都惑星新聞』というオリジナルの新聞をつくって配布したこともあります。このように、惑星科学の魅力を発信することも、私の役割のひとつだと思っています。

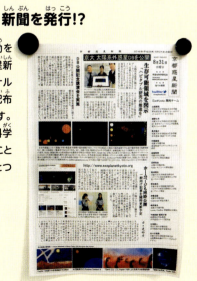

番外編

高校生からのプレゼント

地元佐賀県の高校で講演をした際に、書道部の生徒の方からいただいた書を大切に飾っています。「系外惑星」は、私の研究テーマのひとつ、太陽系の外の惑星のことです。

67

佐々木先生の研究をくわしく！

木星と土星は同じガス惑星だけど…

私が力を入れているのは、巨大ガス惑星の木星と土星の研究です。太陽系の惑星で最も大きい木星と、木星に次いで大きい土星は、地表を岩石に覆われた地球とは異なり、いずれもほとんどが水素でできたガス惑星です。二つの惑星には共通点が多いですが、大きな衛星の数やサイズ、主成分は異なります。例えば、<mark>木星の周りの大きな衛星の数は四つ（イオ、エウロパ、ガニメデ、カリスト）であるのに対し、土星の周りの大きな衛星の数は一つ（タイタン）です。</mark>

なぜこのような違いが生まれたのでしょうか。

私は、惑星とその周りの円盤とのあいだのすきまの有無に注目しました。形成途中の惑星の周りにはガスやちりでできた円盤があり、これを惑星が引き寄せることで、ガスやちりが集まり、衛星が形成されます。木星と土星の衛星が形成されたとき、この円盤と木星とのあいだにはすきまがあり、土星とのあいだにはすきまがなかったと考えました。そして、このすきまの有無により、「木星に引き寄せられたガスやちりの集まりは、互いに一定の間隔を保ちながら四つの衛星になった」「一方、土星に引き寄せられたガスやちりの多くは土星に落下し、外側に大きな衛星が一つだけ残った」という仮説を立て、コンピューターで検証を行いました。その結果、現在観測されている衛星の数やサイズ、さらには主成分と一致したのです。

木星の衛星の成り立ち

① 円盤の外側で成長した衛星が木星に引き寄せられ、内側に移動する

② すきまの手前でストップし、衛星同士でくっついて大きくなる

③ これが繰り返され、円盤の中で次々と新しい衛星が生まれる

④ 衛星どうしが円盤の中で互いに重力をおよぼし合い、一定の間隔を保って並ぶ

⑤ 最も内側の衛星は重くなりすぎて木星に落下し、4つの衛星が円盤内に残る

土星の衛星の成り立ち

① 円盤の外側で成長した衛星が土星に引き寄せられ、内側に移動する

② すきまがないことで、内側の衛星もいっしょに土星に落下していく

③ 円盤の中から衛星が消える

この一連の流れを繰り返す

④ 土星に引き寄せられづらい外側に大きな衛星が残る確率が高くなる

File 06

地球の外にも生命は存在するの？

太陽系の外にも目を向けてみましょう。実は長いあいだ、太陽系の外に生命がいるかはおろか、惑星があるかもよくわかっていませんでした。地上の望遠鏡からでは、地球の大気が邪魔をして、遠くの星の光をとらえるのが困難だったのです。それならば宇宙に望遠鏡を持ち込もうと、2009年に打ち上げられたのが、NASAのケプラー宇宙望遠鏡です。これにより、太陽系外惑星の発見数が飛躍的に向上しました。その中には、生命の居住に適した惑星もあると見られています。生命の存在には液体の水が必要ですが、惑星が恒星に近すぎると水は蒸発してしまいますし、遠すぎると水は凍ってしまいます。そのどちらでもない、ちょうどよい範囲をハビタブルゾーンと呼び、そこにある惑星をハビタブルプラネットといいます。ケプラー宇宙望遠鏡の活躍により、太陽系の外にも、地球と同じサイズのハビタブルプラネットや、太陽と同じような星の周りを回るハビタブルプラネットがあるとわかったのです。太陽系の外で「第二の地球」と呼べる惑星が見つかるのは、もうまもなくかもしれません。

生命を宿す惑星の条件についても研究しています。これまで太陽系の中では、火星、土星の衛星タイタン、木星の衛星エウロパに生命が存在する可能性があると考えられてきました。しかし、1997年に打ち上げられたNASAの土星探査機カッシーニの発見により、土星の衛星エンケラドスにもその可能性があることがわかりました。地球で生命が誕生した場所といわれる海底火山の存在が指摘されたのです。

第二の地球を求めて生命を宿す惑星の条件を探る先生

エンケラドスの海底火山のイメージ

氷　海　岩石

海底から熱水が噴き出し、岩石と反応して水素が生成されている!?

水に溶けている二酸化炭素と水素を組み合わせれば、エネルギーがつくれる!

CO_2 ＋ H → エネルギー

佐々木先生からのメッセージ

いろいろな勉強の形がある

「勉強」には、ゴールから逆算して取り組む「逆三角形の勉強」だけでなく、学んだことをきっかけに世界を広げる「三角形の勉強」もあります。テスト勉強や受験勉強がすべてだと思わず、勉強の楽しさを知ってもらいたいです。

佐々木貴教

あいまいな表現が多すぎる法律に悩む人たちを助けたい先生

最先端をいくカリフォルニアで研究中

法と社会のかかわりを分析する法社会学の聖地であるカリフォルニア大学バークレー校で、現在2年間の在外研究中です。東京大学には、研究者を海外に派遣する制度があるのですよ。

「おそれがある」ってどんな状態？

法律には「〜のおそれがあるとき…」などのあいまいな表現がたくさんあります。日本全国の自治体の担当者が、このような法律をどのように解釈し実施しているのかを、私は調べています。

自治体や企業で働く組織内弁護士に注目

アメリカには自治体や企業の一員として業務に従事する組織内弁護士が大勢おり、日本でもその数が増えています。この組織内弁護士が組織の意思決定に与える影響も研究しています。

File 07 平田彩子 先生

東京大学 大学院 法学政治学研究科 准教授

File 07
あいまいな表現が多すぎる法律に悩む人たちを助けたい先生

法律にかかわっているのは裁判官、検察官、弁護士だけではありません

裁判の外にも法律にかかわっている人たちがいます

私は「法律のプロではない市井の人々が実生活の中でどう法律と向き合っていくか」をテーマに研究しています

今でこそ研究活動に魅力を感じ日夜没頭していますが私が研究者の道を選んだのははじめから興味があってのことではありませんでした

File 07

あいまいな表現が多すぎる法律に悩む人たちを助けたい先生

平田先生ができるまで

法社会学の聖地に留学

博士課程では、カリフォルニア大学バークレー校に3年間留学しました。クラスの中で、外国から来た留学生は私ひとりだけ。英語で行われる授業についていけず、涙を流した夜もありましたが、次第に英語での議論に参加できるようになりました。そして、「日本の自治体職員がどのように法を解釈し執行するか」をテーマに博士論文を書き始めました。

少数派である研究者の道へ

東京の大学へ進学し、法律の勉強を始めると、裁判で何が起こるかより、裁判に至るまでの過程、つまり、社会で法がどう解釈され使われるのか（＝法社会学）に興味をもちました。そして、弁護士と研究者のどちらをめざすか悩んだ末に、研究者の道を選びました。研究の世界のほうが楽しそうであり、また、男女関係なく活躍できると感じたからです。

パワフルな母親の背中を見て育つ

岡山で生まれました。幼少期は父親の仕事の都合で約2年間、ドイツに住んでいました。専業主婦だった母親は「子育てが終わったら自分に何が残る？」と悩んでいたようで、帰国後一念発起して大学院へ進学しました。当時、子をもつ女性の選択としては珍しいものでした。今思えば、私はこの母親の影響を少なからず受けていたのかもしれません。

調査対象は約100人の自治体職員！

市役所などの自治体職員は、業者らの窓口として、いろいろな規制の手続きや処分を行っています。しかし、彼らは法律の専門家ではないうえに、法律の表現はあいまいなので判断に迷うケースが多々あるといいます。私はこのような法のあいまいさという側面に着目し、日本全国の自治体職員約100人を対象に調査を実施して博士論文にまとめました。

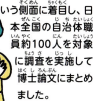

2度目のカリフォルニア生活

現在は、カリフォルニア大学バークレー校で2年間の在外研究中です。テーマは、自治体や企業で担当者の法使用をサポートする「組織内弁護士」。アメリカには組織内弁護士が大勢おり、日本でもその数は増えています。彼らの働きを知ることは、社会で法がどう使われているかを理解することに役立ちます。これからも、法制度を支える人々に着目して研究していきます。

消去法で法学部を選択

とはいえ、特にやりたいことはありませんでした。高校生になって進路選択を迫られると、物理が苦手なので理系はなし、文学に興味がないので文学部はなし、お金持ちになりたいわけではないので経済学部もなし…というように、消去法で進路を絞り込み、最終的に、生計を立てるのに困らなそうな法学部をめざすことにしました。
※大人になってから、このような経済学への理解が間違っていたことに気づきました…。

女性が活躍できる職業に就きたい！

中学生になると、新聞やテレビを通じて、社会における男女格差に気づき始め、「女性だからといって不利に評価されないところで働きたい」と考えるようになりました。ぼんやりとですが、社会に出たら重要な決め事はタバコ休憩や飲み会で行われるのであり、それは女性にとっては参加しにくい場面だろうなあという印象をもっていました。

平田先生の研究はここで生まれる！

カリフォルニア大学 バークレー校

現在私は2年間の在外研究で、アメリカに滞在しています。在外研究とは、国際的な視野をもつ研究者を養成するため、研究者を海外の大学などに派遣する制度のこと。この制度を利用して、かつて博士号を取得したカリフォルニア大学バークレー校で研究をしています。

私が取り組んでいる研究テーマの一つが、組織内弁護士です。アメリカには、官公庁などの職員、あるいは企業の従業員や役員として、業務に従事する弁護士がたくさんいます。顧問弁護士は組織外のアドバイザーであるのに対し、組織内弁護士は組織内のアドバイザーとして、さまざまな部署からの法律相談に応じます。日本でも、個人情報保護やコンプライアンスなど、法律をめぐるニーズが多様化する中、組織内弁護士が注目され、その数が増えています。組織内弁護士が組織の意思決定にどのようにかかわっているのかを調べるため、カリフォルニアの組織内弁護士30名にインタビュー調査をしてきました。帰国まで残りわずか。有意義な研究成果を日本に持ち帰れたらと思っています。

お気に入りの図書館

ここは、私が博士課程の学生だったころにもよく使っていました。高い天井と明るい室内という、ゆったりした開放的な空間が気に入っています。

最初は英語が苦手でした

File 07

あいまいな表現が多すぎる法律に悩む人たちを助けたい先生

番外編

国際学会でプレゼン

カリフォルニア州から飛行機で片道5時間のコロラド州で開かれた国際学会で、組織内弁護士について発表。知り合いの弁護士を紹介するよ、と言ってくれた人も。

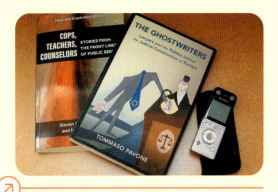

マストアイテムはボイスレコーダー

インタビュー調査の内容は、ボイスレコーダーで録音し、書き起こしを行います。この2冊の本は、行政職員・弁護士についてのすぐれた研究書で、よく読み直します。

カリフォルニアで2年間研究中！

カリフォルニア大学バークレー校のキャンパスは、東京ドーム107個分くらいの大きさ。世界中から優秀な研究者が集まります。

77

平田先生の研究をくわしく！

法律って実はあいまい!?

法律とは、国会の議決によって制定された、私たち国民が社会の秩序のために守らなくてはいけないルールのことです。法律には、大きくわけて三つの種類があります。一つ目は、結婚や相続など、私人どうしの関係について規定した民事法（民法や民事訴訟法など）。二つ目は、犯罪や刑罰について規定した刑事法（刑法や刑事訴訟法など）。三つ目は、行政（国や自治体）の行為について規定した行政法です。私が研究対象にしているのは、三つ目の行政法です。

法律は厳密に定められているというイメージがあるかもしれませんが、実のところ、あいまいな表現がたくさん含まれています。例えば、土壌汚染対策法4条2項には、一定の規模以上の土地の工事を行う際、土壌汚染の「おそれがある」と認められるときには、土地の所有者などに土壌調査とその結果報告を命じることができるという規定があります。この「おそれがある」というのはどのような条件を指すのか、具体的には何も書いてありません。もちろん、ガイドラインなどは存在するのですが、最終的には、各自治体の環境関連の部署がその判断を行うことになります。

このような抽象的な表現は、法を実施する際にそれぞれのケースの特性に応じて柔軟に判断できるというメリットがあり、他の多くの法律にも見られます。しかし、ほとんどの場合、現場の担当者は法律の専門家ではないため、判断に迷うことが多くあるといいます。

地方分権化が進み、地方自治体の意思決定がますます重要になっている今、現場の担当者がどのようにあいまいな法律と向き合っているのかを、私は研究しています。

→ 現場の担当者を悩ませる土壌汚染の「おそれ」の例

ゴルフ場の跡地

有害物質を含む農薬を使っていたら土壌汚染のおそれあり？

ガソリンスタンドの跡地

有害物質を含むガソリンを使っていたら土壌汚染のおそれあり？

File 07

現場のことは現場に聞く！

私が研究を開始したころに改正され、当時現場で混乱が見られた土壌汚染対策法などを例に調査を行いました。研究手法は、質問票調査、インタビュー調査、フィールド観察の三つです。質問票は日本全国の自治体の担当部署に送付し、その8割以上の273部署に回答してもらいました。インタビュー調査は、自治体の担当部署に加え、法律を適用される側の関係者や、法律を管轄する環境省、のべ88名を対象に、合計59回実施しました。さらに、ある自治体で2週間、直接現場を観察する機会を得ました。担当部署の一角に机を置いて、終日を現場の職員とともに過ごし、会議にも参加しました。

約3年間にわたる調査を経て、質問票調査と統計資料をもとにした量的データや、インタビュー調査の傾向をつかみ、インタビュー調査とフィールド観察から得た質的データから、個別の事例に迫ることができました。このような調査では、量的データと質的データの両方が大切なのです。

自治体間ネットワークの可能性

調査の結果、自治体の担当者の判断には、他の自治体の担当者とのやりとりが大きく影響していることがわかりました。小さな自治体では、法適用の事例自体が少ないため、他の自治体の事例を判断の参考にしているのです。私はこれを、自治体間ネットワークと呼んでいます。

人手不足に悩む自治体において、現場の担当者が気軽に相談できる相手はそう多くありません。また、自治体職員には異動がつきものなので、十分な引き継ぎが行われないこともあります。自治体間ネットワークは、そのような環境の中で重要な役割を果たしているといえます。実際に調査結果からは、自治体間ネットワークをもっている自治体ほど、法律の執行に積極的であるというデータも得られています。

他の自治体とのつながりに加え、弁護士などの専門家からのサポートもあれば、担当者はより安心できるでしょう。今回の調査結果から、そういった提案も行っています。

あいまいな表現が多すぎる法律に悩む人たちを助けたい先生

平田先生からのメッセージ

知識の翼を広げて

あなたが今学んでいることは決して無駄にはなりません。
知識はまるで、自由に空に羽ばたくための翼のよう。
しっかりとした知識を身につければ、
どんなところにも飛んでいけますよ。

平田彩子

考古学はロマンだけじゃなく苦労も多いけど奇跡の発見を信じて遺跡を掘り続ける先生

お墓から国同士の交流の歴史がわかる!?

韓国と日本の遺跡から、朝鮮半島と日本の交流を裏づける手がかりが次々と見つかっています。例えば、百済の武寧王の棺には、日本にしか自生していない木が使われていたんですよ。

朝鮮半島と日本のお墓の違いを調査!

日本の古墳時代には、お隣の朝鮮半島でも同じように権力者のお墓がたくさんつくられていました。こうしたお墓の埋葬施設や棺などに見られる、地域ごとの特色について調べています。

京大のキャンパスは遺跡だらけ!

京都大学構内には、縄文時代の竪穴住居跡から、江戸時代の藩邸跡まで、幅広い時代の遺跡があります。これらの発掘調査や、出土した文化財の保存・活用も、私の役割のひとつです。

File 08

吉井秀夫先生

京都大学 大学院 文学研究科 教授

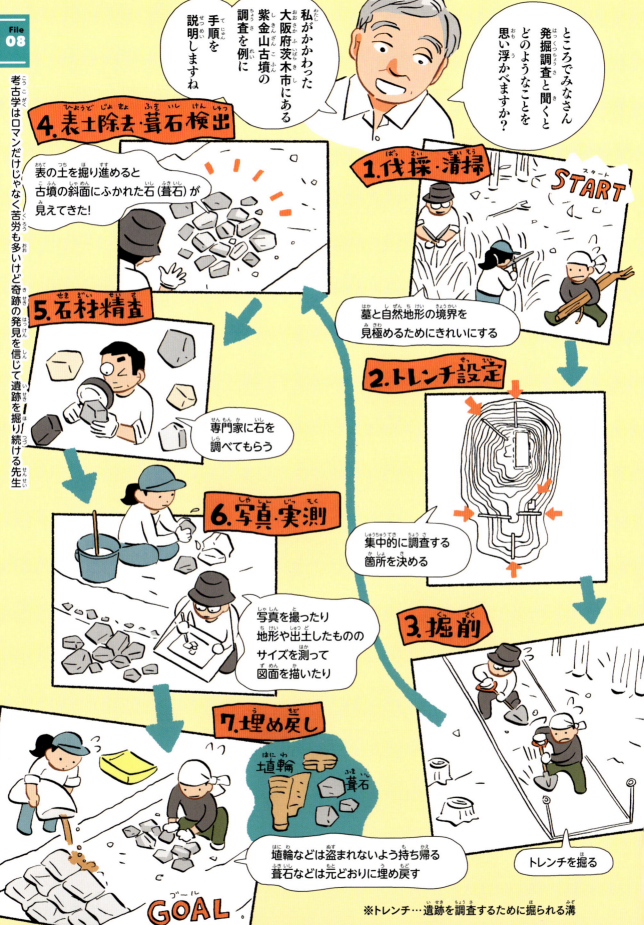

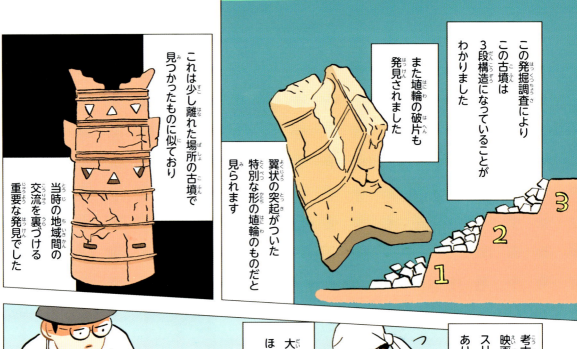

File 08

吉井先生ができるまで

考古学はロマンだけじゃなく苦労も多いけど奇跡の発見を信じて遺跡を掘り続ける先生

少年時代の楽しみは史跡めぐり

兵庫で生まれ育ちました。歴史が大好きで、地元の郷土史講座に小学生のころから高校生になるまで参加し、いろいろな史跡を見て回りました。よく訪れたのは、兵庫県加古郡播磨町にある大中遺跡です。復元された竪穴住居の中に入り、展示されている弥生土器を眺めながら、この遺跡にまだ埋もれている住居や土器のことを想像し、ドキドキしました。

初めての発掘調査は高校生のとき

高校では、部員が前述の大中遺跡を発見したことで知られる地理歴史考古学部に入りました。当時は市町村に発掘調査ができる職員が少ない時代だったので、私たち部員も顧問の是川長先生引率のもと、地元の古墳の発掘調査に参加し、遺物の整理を手伝いました。報告書に私が実測した須恵器の図面が掲載され、自分の名前が出ているのを見つけたときは、うれしく思いました。

日本全国の遺跡を回る日々

京大で念願の考古学の研究を始めました。長期休暇を利用して、山梨県の野添遺跡、奈良県の唐古・鍵遺跡など、全国各地の遺跡の発掘調査に参加しました。人手が足りないときには講義を休んで発掘現場に出たこともあります。このころは、日本の考古学を学び、将来は地元の遺跡を調査する仕事に就きたいと思っていました。

教育実習生との出会いで京大へ

考古学への興味が決定的となったころ、当時京都大学で考古学を学んでいた菱田淳子さんが、教育実習生として高校にやってきました。菱田さんから「考古学研究で最も歴史があるのは京大」と教えてもらい、京大をめざすようになりました。ちなみに、菱田さんは兵庫県各地の遺跡の発掘調査に従事され、前述の大中遺跡に隣接する兵庫県立考古博物館にも勤められました。

隣の国にすばらしい文化がある!

発掘調査にいそしむ中で、日本全国の遺跡から出土する須恵器は、朝鮮半島から伝わった焼き物の技術でつくられたものであることを知りました。日本に影響を与えた朝鮮半島に興味をもつようになり、2回生のとき初めての韓国旅行へ。現地の博物館や遺跡をめぐり、韓国の文化のすばらしさに触れ、もっと知りたいと思うようになりました。

文献ではわからないことがわかる!

大学院へ進学し、2年半韓国に留学しました。そのころ、韓国の遺跡で日本からもたらされたと思われるさまざまな遺物が見つかり、注目されるようになりました。これらは、文献では残されていない朝鮮半島と日本の交流を裏づける貴重な発見でした。私も、私自身の手で、考古学を通じて朝鮮半島と日本のつながりを明らかにしたいと思いました。

映画のようなスリルはないけれど…

現在は、朝鮮半島各地のお墓やそこから見つかった遺物を通して、朝鮮半島と日本の交流の歴史を研究しています。考古学は『インディ・ジョーンズ』のようなスリルに満ちた世界ではなく、地味で肉体労働もつきものですが、その先に得られる発見の喜びは大きいです。研究を始めて40年経ちますが、いまだにワクワク・ドキドキ(土器土器)が止まりません。

85

京都大学 大学院 文学研究科附属 文化遺産学・人文知連携センター

吉井先生の研究はここで生まれる！

写真提供：京都大学 大学院 文学研究科附属 文化遺産学・人文知連携センター

工事するたび遺跡が出てくる!?

吉田南構内の遺跡発掘の様子です。調査の結果、歴史的資料としての価値が高いと判断された遺跡は、現地保存、あるいは移築して復元という処置がとられます。

長い歴史をもつ京都は、掘れば何か出てくると言っても過言ではない、遺跡だらけの土地です。京都大学の構内も例外ではなく、京都市左京区にある吉田キャンパスのほぼ全域が、縄文時代から江戸時代の終わりまでの遺跡となっています。私が所属する文化遺産学・人文知連携センターは、京大構内遺跡の発掘調査や、出土した文化財の保存・活用に取り組んでいます。

吉田キャンパスの南部では、一辺十数m程度の四角い溝をめぐらした小さな古墳が九つ確認され、吉田二本松古墳群と名づけられました。九つのうち一つの古墳から埴輪の破片が数多く出土したほか、その他の古墳からは供えられた須恵器や土師器、鉄製品が出土しました。これらの出土品の特徴から、吉田二本松古墳群は、5世紀後半にこの一帯を支配していた豪族の古墳であると見られています。破片から復元された埴輪をはじめ、京大構内遺跡から出土した文化財の一部は、幕末の尊王攘夷の志士の功を記念して名づけられた明治時代の建築、尊攘堂で保存・展示されています。

尊攘堂そのものも国の登録有形文化財

File 08

考古学はロマンだけじゃなく苦労も多いけど奇跡の発見を信じて遺跡を掘り続ける先生

↑ **偉い人のお墓?**

家だけでなく、馬や人など、いろいろな形の埴輪が見つかりました。埴輪の破片が出土した古墳は9つの中で1つだけ。豪族の長のお墓だったと見られています。

写真提供:京都大学 大学院 文学研究科附属 文化遺産学・人文知連携センター

↑ **破片を組み合わせて埴輪を復元!**

9つのうち1つの古墳から出土した埴輪の破片です。これでも原形をよく保っているほう。特徴的な屋根の形の破片を手がかりに、家形埴輪を復元しました。

ここが京大の地下に眠る文化財の宝庫だ!

→ 通常非公開の尊攘堂の内部です。縄文時代の土器から江戸時代の瓦まで、幅広く保存・展示しています。

写真提供:
京都大学 大学院 文学研究科附属
文化遺産学・人文知連携センター

吉井先生の研究をくわしく！

私は、韓国と日本の遺跡の発掘調査にかかわりながら、それぞれの地域のお墓の違いや、互いに与えた影響について調べています。

日本の古墳を朝鮮半島のお墓と比べると？

3世紀の中ごろから7世紀にかけて、日本では、土を高く盛り権力者を埋葬するお墓がたくさんつくられました。これを古墳といいます。

土を盛った部分の内側には遺体を納めた棺が安置され、鏡や武具などの副葬品が添えられました。外側は今は緑で覆われていますが、当時は石がふかれ、埴輪が置かれていました。

同じころ、朝鮮半島でも、土を高く盛り権力者を埋葬するお墓がつくられました。

武寧王陵（韓国）
写真提供：PIXTA

仁徳天皇陵古墳（日本）
写真提供：PIXTA

一人だけのお墓から家族みんなのお墓に変化！？

元々日本では、3世紀から5世紀にかけて、古墳の上から縦に穴を掘って棺を入れる竪穴式石槨が主流でした。しかし、6世紀になると、古墳の横に入口を設けて棺を入れる横穴式石室が普及しました。これは、中国から朝鮮半島を経て、日本に伝わったものだといわれています。

竪穴式石槨は、一度天井をふさぐと二度と開けることができませんでした。一方、横穴式石室は、横の入口から何度も出入り可能なので、あとから他の人も追加で埋葬することができました。これにより、家族みんなを一つの古墳に埋葬することができるようになったのです。

竪穴式石槨と横穴式石室の違い

竪穴式石槨
天井をふさぐと二度と入れない
↓
他の人を追加で埋葬できない

横穴式石室
横の入口から何度も入れる
↓
他の人を追加で埋葬できる

88

File 08

棺から朝鮮半島と日本の交流がわかる！

石室だけでなく、遺体を納める棺にも、地域によって異なる特色が見られます。日本の権力者たちのあいだでは、あらかじめ石室にすえつけられた石製の棺が流行しました。古墳が多くつくられた近畿地方では、わざわざ熊本県や香川県から凝灰岩を取り寄せて棺がつくられることもありました。数トンにもおよぶ重い石を遠くから運んでくることで、権力をアピールするというねらいがあったといわれています。

一方、朝鮮半島の権力者たちのあいだでは、さまざまな形状の木製の棺が用いられました。例えば、百済滅亡の危機を救ったとされる百済第25代の王、武寧王とその妃の木製の棺は、石室に持ち込みやすい構造をもち、金や銀を使った豪華な装飾が施されていたことがわかっています。さらに、その棺の材料となった木は、日本にしか自生しないコウヤマキであることも判明しました。これは、朝鮮半島と日本の交流を裏づける貴重な発見となったのですよ。

考古学はロマンだけじゃなく苦労も多いけど奇跡の発見を信じて遺跡を掘り続ける先生

朝鮮半島と日本ではどんな棺が流行？

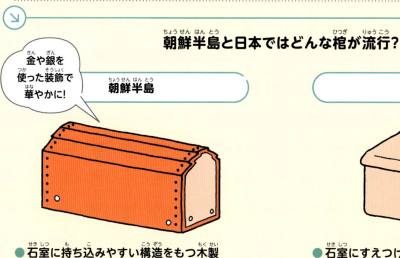

朝鮮半島
金や銀を使った装飾で華やかに！
- 石室に持ち込みやすい構造をもつ木製
- 豪華な装飾で権力をアピール

日本
石の質や産地にこだわりが！
- 石室にすえつけられた石製
- 立派な石で権力をアピール

見方が変わると世界が広がる

遺物は一見するとただのガラクタにすぎませんが、

見方次第で歴史的に価値の高い資料になります。

考古学者は、小さな土器のかけらにも

雄弁に歴史を語らせることができる、おもしろい仕事です。

吉井秀夫

ジブリ映画で観た飛行機にあこがれて空の交通整理に取り組む先生

人と自動化システムの共存をめざして

優秀な管制官やパイロットもミスをします。しかし、その仕事を完全に自動化するのは難しいです。そこで、人と自動化システムが互いを補い合うしくみを導入しようとしています。

将来、空の交通量は2倍に!?

車と同じように、航空機にも渋滞があります。航空機の需要は今後20年間で2倍に増加し、渋滞がひどくなるといわれています。そこで私は、空の交通整理を研究しています。

海外の研究者との協働が不可欠

空は国を越えてつながっているので、海外の研究者との協働が欠かせません。現在、シンガポールの大学とともに、アジアの空の交通を管理するシステムの研究開発を進めています。

File 09

伊藤恵理 先生

東京大学 先端科学技術研究センター
教授

File 09

ジブリ映画で観た飛行機にあこがれて空の交通整理に取り組む先生

大学に入ると
航空工学の奥深さに魅了され
気づけば研究者の道へ

日本には
民間航空機メーカーがなく
最先端をいく
ヨーロッパやアメリカに
学ぶ必要がありました

欧米の研究者の前で
初めて英語でプレゼン
質問にうまく答えられず
悔しい思いもしたけれど

こんなことも
あるものですね

若手研究者
ピーターの誘いで
ヨーロッパの国際会議に
参加することに

おもしろいね！
キミとても

よかったらヨーロッパでやる
国際会議に来ないかい？

キミが日本から来た
研究者のエリだね
私はブー・ドン
ピーターの指導教授さ

そこで出会ったのが
「航空管制科学」を専門に
ヨーロッパで数少ない
アジア系の研究者として
活躍するブー先生

パリに来て
僕のもとで
研究して
みないか？

ピーターを通じて
日本のおもしろい
研究者をスカウト
しようとして
いたのだそうです

File 09

伊藤先生ができるまで

ジブリ映画で観た飛行機にあこがれて空の交通整理に取り組む先生

悔しさをバネにヨーロッパで奮闘！

赴任したパリでは、ブー先生のもと「航空管制科学」の基礎を学びました。EUの研究予算がつくプロジェクトに「日本人だから」という理由で入れてもらえず悔しい思いもしましたが、私と同じようにマイノリティーとしてヨーロッパで闘ってきたブー先生や仲間たちとともに、半年間研究に打ち込みました。その後、日本の上司のすすめで、オランダ航空宇宙研究所でも共同研究を開始しました。

飛行機に心をおどらせた幼少時代

京都ののどかな片田舎で育ちました。小学校からの帰り道、近くの裏山で寄り道しては、野原にゴロンと寝転がり、空を見上げるのが好きでした。飛行機の姿を見つけると「この飛行機はどこへ行くのだろう」「飛行機に乗ればまだ見ぬ世界に行けるに違いない」とワクワクしました。私にとって、飛行機は自由と冒険の象徴でした。

NASAで「航空管制科学の父」と出会う

オランダで研究を始めて2年、国際学会で受賞したことがきっかけで、NASAで研究できることになりました。そこで出会ったのが、全米の主要空港に導入された航空機の到着管理システムの生みの親、ハインツ・エルツバーガー先生。ハインツ先生が生み出したシステムの原理を学びながら、それを報告書にまとめる役割を担うことになりました。

ヨーロッパでの研究の道がひらかれた！

会場の片隅でうずくまっていると、私の研究に興味をもったというピーター・コロバ氏に声をかけられ、スロバキアの国際会議への招待を受けました。その会議で出会ったのが、ベトナム系フランス人のブー・ドング先生です。ブー先生の計らいで、ユーロコントロール（ヨーロッパの航空交通を取りまとめる機関）のインターンシップに参加することになりました。

今の夢はアジアの空をひとつにすること

1年かけて報告書を完成させ日本へ帰るとき、ハインツ先生は「アジアの空に航空管制科学を」と言ってくれました。その言葉のとおり、私は今、かつてユーロコントロールでともに研究したブー先生や仲間たちとともに、アジアの空の渋滞を解消するための研究をしています。欧米で得た知識や経験をアジアに還元しようと、尽力する日々です。

初めての英語のプレゼンで涙…

航空工学が学べる大学に進学すると、その奥深さに魅了され、気づけば研究者の道へ。航空工学は、世界的な飛行機メーカーがあるヨーロッパやアメリカが最先端をいく分野です。大学院生のとき、欧米の研究者も多数列席する横浜の国際会議に参加し、初めて英語でプレゼンを行いましたが、聴講者からの質問にうまく答えられず、悔し涙を流しました。

『紅の豚』のフィオにあこがれて

中学生のころ、宮﨑駿監督のアニメーション映画『紅の豚』のヒロイン、フィオ・ピッコロに夢中になりました。フィオは、主人公ポルコの飛行機を設計し、見事フライトを成功させるというキャラクターです。フィオへのあこがれから、パイロットやキャビンアテンダントではなく、エンジニアとして飛行機にかかわりたいと思うようになりました。

95

伊藤先生の研究はここで生まれる！

東京大学 先端科学技術研究センター 伊藤研究室

航空管制のシミュレーターは2億円！

研究室の特色といえば、ヨーロッパの研究施設から譲り受けた、航空管制のシミュレーターではないでしょうか。その金額は約2億円！目玉が飛び出るような金額ですが、NASAにはこれよりもっと大規模な設備があります。私がNASAにいたころ、日本に帰国したら自分の研究室にも導入したいと考えていたのです。

私たちは管制官やパイロットの仕事の一部を自動化するシステムを研究開発していますが、そのシステムをいきなり本物の空港や航空機に実装するわけにはいきません。そこで、管制官が操作するレーダー卓やパイロットが操作するコックピットを模擬する環境を研究室につくりあげ、実際に管制官役の人やパイロット役の人に操作してもらって、システムが正常に動作するか、期待どおりの性能を発揮できるかなどを検証する必要があります。このシミュレーターは、そのためのものです。シミュレーションを重ね、システムを改善していくことが、実用化には欠かせないのです。

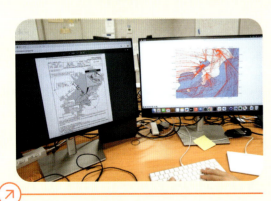

管制官役とパイロット役の学生が、シミュレーターを使ってデモンストレーションを行っています。

現役の管制官も所属！

空の渋滞情報をリアルタイムで確認！
羽田空港と成田空港に離着陸する航空機の動きをリアルタイムでチェックし、どのエリアが混雑するかを調べています。

File 09

ジブリ映画で観た飛行機にあこがれて空の交通整理に取り組む先生

写真提供：東京大学 先端科学技術研究センター 伊藤研究室

番外編

研究室に巨大な鍋！？

当センターには、毎年幹事を持ち回りで交流会を行うという文化があります。私たちが幹事を務めた年には、この鍋を使って約70kgのおでんを振る舞いました。

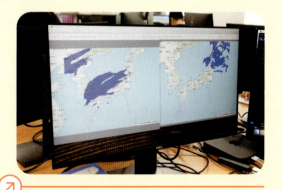

↗ 環境への負荷軽減もミッションのひとつ

飛行機雲が地球温暖化の一因になるとして、過去の天気図を分析し、発生を最小限に抑えるための研究をしている学生もいます。

97

伊藤先生の研究をくわしく！

航空管制科学って何？

車の運転手は、窓の外やミラーを見ながら、他の車の様子を確認することができますよね。一方、航空機のパイロットは、コックピットの窓から他の航空機の様子を正確に把握することができません。そこで、地上の管制官がパイロットに代わって空の交通状況を把握し、安全かつ効率的な飛行のため、パイロットに指示を与えます。この業務を航空管制といいます。

かつて、この航空管制はベテラン管制官の知識や経験に頼る部分が多くありました。しかし、世界的に航空需要の増加が推測される中、そのやり方では将来の航空交通量を処理できないと考えられるようになりました。そこで、航空交通管理に科学的なアプローチを取り入れようと生まれたのが、航空管制科学という学問です。

羽田空港の混雑回避のカギは西日本！？

東京国際空港（通称・羽田空港）は、ピーク時は1分に1.5回の割合で航空機が離着陸する、世界有数の混雑空港です。下の図は、2019年9月のある日に羽田空港に到着した航空機の航路を示したものです。空港から遠く離れたエリアでは航路が直線的であるのに対し、空港近くのエリアでは航路が曲がっているのがわかると思います。これは、エリアによって管制官が異なるためであり、空港近くの管制官が渋滞回避のための指示を出している一方で、空港から遠いところの管制官は最短距離で飛ぶように指示を出しているからです。

そこで私は、空港から遠いエリアを担当する管制官にも、到着時の混雑を考慮して航空機の速度調整などを行ってもらえるよう支援する自動化システムを研究しています。実際の管制官の協力を得てシミュレーションを行ったところ、羽田空港周辺の混雑を大幅に緩和でき、また、管制官の負担を減らすこともできました。

羽田空港に到着する航空機の渋滞

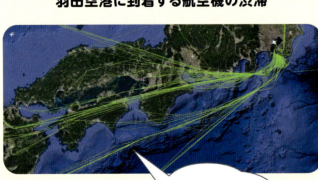

空港から遠いエリアで速度調整などをすれば混雑が回避できる！

98

File 09

めざすは忍者のようなシステム！

航空需要増加や人手不足に伴い、管制官やパイロットを支援する自動化システムを設計・実装していくことは待ったなしの状況です。その設計方針の一つとして私が注目しているのが、サブリミナルコントロールという考え方です。

英語で「サブリミナル」とは、人の潜在意識にこっそりと働きかけることを意味します。例えば、空の上で航空機が自ら速度を調整することで、地上の管制官が気づかないうちに航空交通を整理することができないでしょうか。まるで忍者がレーダー卓の裏側に忍び込み、航空交通を操って、てきぱきと管制官の仕事を片づけてくれるようなイメージです。

こんな魔法のような話を実現するシステムの研究開発と実装が進んでいます。航空機に送信機と受信機をつけ、航空機どうし互いの位置や速度などのデータを交換することで、地上の管制センターを介さずとも、パイロットが周囲の航空交通情報を把握できるというものです。ジブリ映画で観た飛行機にあこがれて空の交通整理に取り組む先生

の技術を応用すれば、管制官だけでなくパイロットの負担軽減にもつながります。

どんなにすぐれた管制官やパイロットでも、ミスをするし疲れもします。自動化システムの支援が欠かせません。一方で、彼らの細やかな仕事は、自動化システムに真似できるものではありません。人と自動化システムが互いの長所をいかし短所を補う、理想的な航空交通管理システムを追求したいと考えています。

サブリミナルコントロールのイメージ

伊藤先生からのメッセージ

ワクワクを羅針盤に

みなさんは何にワクワクしますか？

私にとっての飛行機がそうであったように、

みなさんにも打ち込めるものがきっとあるはず。

ワクワクを羅針盤に、人生を歩んでいってください。

伊藤恵理

世界観が壮大すぎる!? 謎多き古代インドの神話を読み解く先生

神話の違いから信仰の変遷がわかる!

ヒンドゥー教の神話は、各時代、各地域の書き手によって何度も書きかえられてきました。それらを読み比べることで、信仰がどのように変わっていったのかを調べています。

優しい女神も狂暴な女神もいる!?

初期ヒンドゥー教の神々、特に女神にまつわる物語を研究しています。ヒンドゥー教には、柔和なパールヴァティー、恐ろしいカウシキーなど、いろいろな女神がおり、興味深いのですよ。

謎を解き明かす手がかりは美術品

文献の制作年代は不明なものが多い一方で、美術品は制作年代が明らかなものが多いです。そこで、文献の描写と一致する彫刻作品から、文献の制作年代を推測したりもしています。

File **10**

横地優子 先生

京都大学 大学院 文学研究科 教授

File 10 世界観が壮大すぎる!? 謎多き古代インドの神話を読み解く先生

私はインド神話がつくられた過程を研究しています

インド神話にはたくさんのバージョンが存在します

長い歴史の中で何度も書きかえられてきたからです

そのため制作年代が不明の物語も多くあります

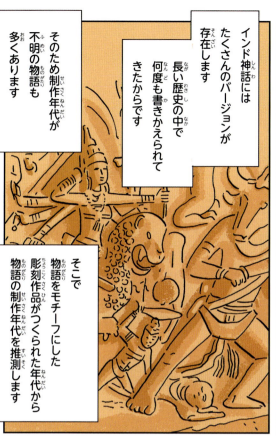

そこで物語をモチーフにした彫刻作品がつくられた年代から物語の制作年代を推測します

高校では古文の授業が好きになりました

会話から入る言葉ではなく文法から学ぶことができるのが向いていたんだと思います

子どものころは小説を読むのが好きで中学生になってからはSF小説に熱中しました

SFの壮大な世界観はインド神話と通ずるところがあるかもしれません

受験勉強を頑張って東大に入学したもののやりたいことが見つけられませんでした

でも廣松渉先生の「哲学概説」の授業を受けたとき

おもしろい！

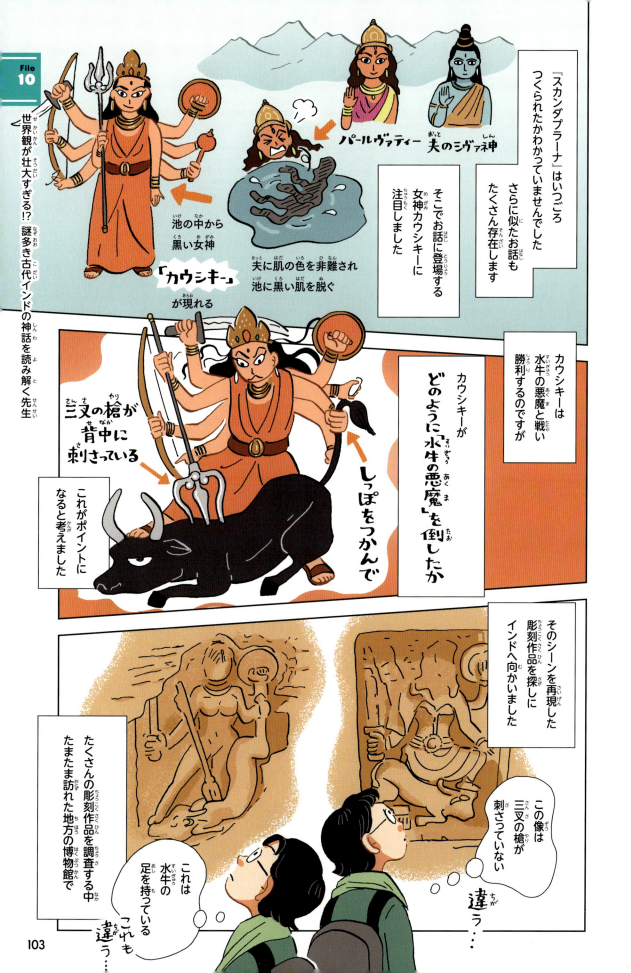

File 10 横地先生ができるまで

世界観が壮大すぎる!? 謎多き古代インドの神話を読み解く先生

オランダで幻の文献に出会う

東大に残り、インドの女神神話のテキストを研究していたのですが、留学先のオランダで、その源となる文献『スカンダプラーナ』に出会いました。『スカンダプラーナ』は古代インドで生まれ、各時代で書き写されてきましたが、その多くは失われています。ところが、ネパールに9世紀の写本が残されていることを知り、これは私が研究するしかない、と思いました。

文献の制作年代を裏づける証拠を大捜索!

『スカンダプラーナ』の詳細な制作年代はよくわかっていません。これをつきとめるために私が注目したのが、物語に登場する、女神カウシキーと水牛の悪魔の戦いのシーンです。このシーンは各時代でさまざまな彫刻作品に表されてきました。そこで、『スカンダプラーナ』の描写と一致する彫刻作品を探せば、自ずと文献の制作年代がわかると考えたのです。

人がやらないことをやってみたい!

インド哲学は西洋哲学に比べると日本語に翻訳されている文献が少なく、サンスクリット語で書かれた原典を読む必要があります。あえて人がやらないことをやってみたいと思った私は、3年生のとき文学部のインド哲学専修へ進みました。研究を続けるうちに、インド哲学と密接なかかわりのあるインド神話に興味をもつようになりました。

絵や小説が好き

三重で生まれ育ちました。母親が絵の教室をやっていたこともあり、幼いころから絵を描くことや美術展に行くことが好きでした。中学校では美術部に入り、油絵を描いていました。読書も好きで、特にSF小説をよくよんでいました。今振り返ってみると、SF小説の壮大な世界観や想像力をかき立てるところは、インド神話に通じていると思います。

インドの博物館で奇跡の発見!

あちこち探した結果、インドの地方の小さな博物館で『スカンダプラーナ』の描写と一致する彫刻作品を発見しました。その像がつくられた時期から『スカンダプラーナ』の制作年代は6〜7世紀と推定できました。現在はオランダの研究者とともに『スカンダプラーナ』の出版プロジェクトを進めています。貴重な史料を後世に伝えていきたいです。

理系だったけど哲学にハマる

そんな私ですが、実は得意科目は数学で、理系に進学しました。しかし、進学先の東大ではやりたいことを見つけられませんでした。そこで、理系・文系問わずいろいろな授業を受けてみたところ、最もおもしろいと感じたのが廣松渉先生の哲学の授業でした。若者特有の「哲学病」だったのでしょうか。世界の本質を解明しようとする哲学に魅了されました。

古文と外国語は似ている!?

高校では古文の授業が好きでした。のちにサンスクリット語を習得できたのは、このころ培った古文の素養のおかげだと思います。サンスクリット語は会話からではなく文法から学ぶ外国語です。動詞の活用法がある、格変化が7種類あるなど、文法の体系がしっかり存在します。その点が古文と似ており、会話から学ぶ外国語が苦手な私には合っていました。

105

ヤシの葉っぱに書かれていた！神話は

横地先生の研究はここで生まれる！

京都大学 大学院 文学研究科 横地研究室

紙がなかった時代、インドや東南アジアでは、ヤシなどの植物の葉を乾かして、その上に文字を刻むことで、経典や物語が記録されました。サンスクリット語で「木の葉」を意味するパッタラという言葉から、この筆記媒体は貝多羅葉、略して貝葉と呼ばれています。各時代、各地域の人々が原本を葉の上に書き写し、後世に写本を伝えてきましたが、インドの高温多湿な気候では貝葉の保存は難しく、原本や古い時代の写本はほとんど残されていません。しかし、ネパールの高地のような寒冷で乾燥した気候だと、奇跡的に古い時代の写本が残っていることもあります。私たちは、その貴重な写本を複製した写真などを使って、研究を行っています。

有名なものだと、一つの原本をもとに複数の写本がつくられていますが、書き写しの際のミスなのか、写本によって読みが異なる場合も多いです。批判的な視点をもち、元々原典にはどのように書かれていたのかを考えながら、複数の写本を読み比べる校訂作業に取り組んでいます。

みんなサンスクリット語が読めます

文献の制作年代を知るには、文献の中の描写と一致する美術品の制作年代が重要な手がかりになります。

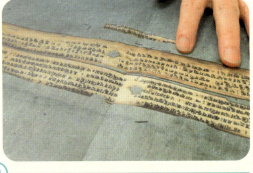

これが貝葉

サンスクリット語で神々の物語が記された貝葉の写真です。乾燥させたヤシの葉の上に、筆のようなもので墨を使って書いています。

File 10

世界観が壮大すぎる!? 謎多き古代インドの神話を読み解く先生

番外編

研究室を見守るガネーシャ

インド土産でもらった木彫りの像です。ガネーシャはゾウの頭をしたヒンドゥー教の神で、インドでは幸運をもたらす神さまとして、非常に人気が高いのですよ。

最初の校訂本も激レア

ネパールの9世紀の写本をもとに、『スカンダプラーナ』を初めて校訂・出版した本です。この本自体、世界にわずかしか存在しない貴重な資料です。

横地先生の研究をくわしく！

インド神話にはたくさんのバージョンがある！

日本と同じように、世界のいろいろな国や地域にも、古代から伝わる神話があります。私はその中でも、インド神話を研究しています。インド神話とは、インドに住む多くの人々が信仰するヒンドゥー教、バラモン教、仏教に伝わる世界観を成す神話のことです。

特に私が研究対象としているのは、初期ヒンドゥー教の神々の物語をまとめた「プラーナ」と呼ばれる文献です。「プラーナ」は「古いもの」という意味で、日本の『古事記』に似ています。

しかし、『古事記』は一度だけつくられたものであるのに対し、インド神話は何度もつくりかえられています。最近では、19世紀、インドがイギリスの統治下にあった時代にも、イギリスの植民地政府が登場する神話がつくられました。

さらに、現代のインドだけでなく、パキスタンやバングラデシュ、ネパール、スリランカなども含む南アジア全体で、神話は書きかえられ続けました。これは、ちょうどヨーロッパくらいの広さです。スタンダードといえる神話ができたあとも、時代や地域ごとのバージョンがつくられたことで、神話は増えていったのです。

書きかえは推しの神さまをアピールするため!?

なぜ、ヒンドゥー教の神話は何度も書きかえられてきたのでしょうか。それは、ヒンドゥー教には一つに定まった教義がないからだといわれています。例えば、キリスト教やイスラム教は唯一神のみを信じる一神教ですが、ヒンドゥー教では多数の神々が信仰されています。その中でも、最も影響力をもつとされる神にシヴァとヴィシュヌがいますが、シヴァを絶対神とする人、ヴィシュヌを絶対神とする人、あるいは一つの神には決められない人というように、いろいろな考え方の人がいたのです。

6世紀ごろにヴィシュヌ信仰からシヴァ信仰にシフトすると、シヴァを目立たせる形に神話は書きかえられていきました。このように、神話の変遷を検証すると、各時代や各地域の考え方がわかり、とてもおもしろいですよ。

シヴァを目立たせるために加筆されたエピソードの例

① ヴィシュヌが半獣半人の姿になり

② 敵を倒したが…

③ 元の姿に戻れなくなり

④ シヴァが元の姿に戻してあげた！

File 10

元をたどれば一つの神さま？

世界観が壮大すぎる!? 謎多き古代インドの神話を読み解く先生

あらゆる女神はデーヴィーの分身！

デーヴィー
すべての偉大な母

カーリー
狂暴で怒ると怖い

パールヴァティー
穏やかで心優しい

カウシキー（ドゥルガー）
力強く勇ましい

私がライフワークとしているのは、ヒンドゥー教の女神神話の研究です。ヒンドゥー教の女神はデーヴィーと呼ばれ、すべての女神が彼女の分身だと考えられています。前のページのマンガに登場した、シヴァ神の妃のパールヴァティーも、その肌から現れたカウシキーも、元をたどればみなデーヴィーの一側面なのです。ヒンドゥー教では、シャクティと呼ばれる神聖なエネルギーが、男性の神ではなく、女性の神の姿で現れると考えられ、女神の姿が手厚く信仰されてきました。女神たちはさまざまな神話の中で姿を変え、優しい妻や母として、時には力強い戦士として表現されてきました。

女神たちの神話はインドの人々に人気が高く、無数の物語が残されてきたほか、絵画や彫刻もたくさん表されてきました。今でも、毎年秋になるとインド各地で女神をたたえるお祭りが行われ、8世紀ごろに成立した聖典『デーヴィー・マーハートミャ』が読み上げられています。

「好き」と「世界」の接点を探そう

横地先生からのメッセージ

とにかく、興味をもったことは何でもやってみましょう。
自分が好きなこと、得意なことと、
世界とのつながりが見えてきたら、
それがあなたの進むべき道かもしれません。

横地優子

前提を疑う哲学のアプローチで問題が山積みの精神医療に向き合う先生

精神医療とはどのようなものであるべきか？

精神医療では世界共通の診断基準が用いられていますが、同じ診断名がついていても、困りごとの個人差は大きく、ひとりひとりにあったケアを行うことが困難な状況にあります。

前提を疑い徹底的に考え抜く

古代ギリシャから2500年以上続いてきた哲学は、物事や知識の前提を疑い、さまざまな角度から考察する営みです。この哲学のアプローチで、問題が山積みの精神医療と向き合っています。

医師の診断から当事者との対話へ

精神疾患の分類が行きづまりを見せる現在、当事者との対話も重視されています。中でも、日本発の当事者研究やフィンランド発のオープンダイアローグなどの取り組みに注目しています。

File 11

石原孝二 先生

東京大学 大学院 総合文化研究科 教授

110

File 11

前提を疑う哲学のアプローチで問題が山積みの精神医療に向き合う先生

石原先生ができるまで

哲学を通じて社会に貢献したい

大学院は東京大学に進学し、ドイツの哲学者ハイデガーの研究をしていたのですが、大学院を修了するころにはもういいかなと思いました。過去の哲学者の文献を読んで、その議論を整理することも大切ですが、社会の成り立ちや科学の根拠を問うことこそが哲学だと考えたのです。昔から精神医学に興味があり、今は精神医学の哲学を専門にしています。

放課後と休日は家でひとり読書

群馬で生まれ育ちました。近所に同性の同級生がいなかったこともあり、放課後や休みの日は、ひとりで本や雑誌を読んでいました。小学生のころは学習雑誌や世界文学全集をよく読んでいました。中学生になるとSFや歴史小説を読むことが多かったと思います。読むものがなくなると、チラシや婦人雑誌など、何でもよいから読むという感じでした。

哲学で精神医学の枠組みを疑う

近年、発達障害と診断される子どもが多く、精神科に通院する人も増えていますが、診断はあいまいで、同じ診断を受けた人のあいだでも個人差が大きいです。薬の作用のメカニズムや長期的な影響についてもわかっていないことばかりです。哲学的なアプローチで精神医学の枠組みを疑うことは、社会の役に立つのではないかと考えました。

哲学をやるしかないと決意

文章を読むことがとにかく好きだったので、大学は早稲田大学の第一文学部に行くことにしました。哲学には大学で初めて本格的に触れました。哲学科に進むと就職が難しくなるのではないかという不安があったのですが、「哲学をやるしかない」、「自分は哲学をやる人間なのだ」というような気持ちがあり、哲学を勉強することにしました。

1日1時間の通学でひたすら考え事

通学には片道30分もかかるので、いつも考え事や空想にふけっていました。同級生といっしょに遊んでいても、考え事をしていることが多かったように思います。同級生たちが「幽霊って本当にいるのかな」という話をしていたときには、私はその話の輪には加わらず「なぜ人は幽霊がいると思うのだろうか」とひとりで考えていました。

「なぜ」が世界を変えると信じて

個人差の大きい精神的な苦悩の問題を、医師が一方的にラベリングするのではなく、ひとりひとりの困りごとに寄り添った形で支援していくにはどうしたらよいか、日々考え続けています。古代ギリシャ以来、哲学者は一般常識や学問の前提を疑ってきました。現代の精神医療においても、前提を問う哲学の力が必要だと信じています。

反省文で教師を批判

授業中はあまり先生の話は聞いていませんでした。授業とは関係のないところを読んだり、他の教科の教科書を読んだり、寝たりしていました。教師から怒られるということはあまりなかったのですが、中学生のときに反省文を書かされたことがあり、納得できなかったので、教師への批判も含めた「反省文」を書いて提出したりしていました。

115

石原先生の研究はここで生まれる！

東京大学 大学院 総合文化研究科 石原研究室

> 医学の哲学から心理学の思想史まで研究テーマはさまざま

哲学の営みは、とりわけ西洋で2500年以上にわたって連綿と続けられてきました。それは本来、社会の役に立ちたいという動機ではなく、純粋にこの世界のことを知りたいという欲求によるものですが、私たちは、科学技術と社会の関係などの今日的な問題にも、真摯に取り組もうとしています。

そのためには、問題となっていること、例えば臓器移植などの科学技術が、どのような前提の上に成り立っているかを整理する必要があります。例えば、移植の前提として「臓器は独立して機能しているものだ」という発想が求められますが、その発想がどのような科学的・社会的背景のもとで生まれたのかなどを整理するのも、哲学者の仕事になります。

学生たちは、過去の哲学者のテキストや科学者の論文を読み、どのような背景があるのか、前提は正しいのかと、批判的な視点をもって検討します。学生どうしで議論も行い、自分自身の見解をまとめます。哲学とは、そうやってさまざまな物事を徹底的に考えるものなのですよ。

妥当性について議論する
学生の発表を聞いて、研究の目的や扱う資料の観点から、その方法や結論が妥当なものなのか、別のアイデアが考えられないのかについて、議論しています。

この日は、「痛み」の哲学に関する学生の発表を聞きました。

File 11

前提を疑う哲学のアプローチで問題が山積みの精神医療に向き合う先生

難解だけどおもしろい本

ドイツの哲学者ヘーゲルの1807年出版の著書『精神現象学』です。意識と精神をめぐる難解な本です。ヘーゲルはマルクスなどその後の思想家に大きな影響を与えました。

本に囲まれた研究生活

今では電子書籍やインターネット上の文献を読むことも多くなりましたが、自宅でも研究室でも本に囲まれて論文を書いています。書籍・論文を集めることは、研究の第一歩です。

考えて考えて考え抜く！

117

石原先生の研究をくわしく！

精神医学は「遅れている」？

体の病気について、体のどこが悪いのかを説明することは、比較的容易ですよね。一方、心はどうでしょうか。心のどこが悪いのかを説明することは、難しいのではないでしょうか。

そもそも心の病気というものは存在するのでしょうか。気分がひどく落ち込んだり、ちょっとしたことですぐに怒ったり、他の人と著しく違う行動をとったりするのは、心が病んでいることのあらわれではなく、あくまで一時的な状態や、その人の傾向にすぎないかもしれません。

精神医学とは、いったい何なのでしょうか。精神医学が成立する前の西洋では、精神疾患は「狂気」ととらえられ、哲学者や思想家のあいだでさかんに論じられてきました。例えば、古代ローマのキケロは、狂気は魂の病気であり、

哲学がその治療に役立つと考えていました。近代のデカルトやロック、カントらも狂気について論じる中で、18世紀になると、精神疾患は医療的なケアが必要なものだと考えられるようになりました。

ところが、今日の精神医学は、他の医学の分野に比べると「遅れている」といわれています。その理由は、19世紀の西洋医学において普及した局在論にあります。局在論とは、体の特定の部位に病気の原因があるとする考え方のことです。身体の医学は局在論にもとづき、器官や組織ごとに、消化器科、皮膚科…と分野にわかれ、発展してきました。精神医学でも、精神疾患とかかわりが深いとされる脳にその原因を求めようとしましたが、脳の働きはあまりに複雑で、現在に至るまで精神疾患との具体的な関係は解明されていません。その結果、精神医学は「遅れている」といわれるようになったのです。

19世紀の西洋医学で広まった考え方

器官・機能主義
病気の原因は器官の機能不全

病原体理論
病気の原因は微生物

↓

精神疾患はどちらのモデルにも当てはまらない

精神疾患を客観的に分類する難しさ

そこで、精神医学が拠りどころとしたのが、精神疾患を症状によって分類するという考え方

File 11

DSMの診断分類の例

> 2013年に発表されたDSM-5では、「神経発達障害群」に7つの障害が分類されたが…

- ● 知的障害（知的発達障害）
- ● コミュニケーション障害
- ● ASD（自閉スペクトラム障害）
- ● ADHD（注意欠如多動障害）
- ● LD・SLD（限局性学習障害）
- ● 運動障害（DCD（発達性協調運動障害）、チック症など）
- ● 他の神経発達障害

出典：アメリカ精神医学会（American Psychiatric Association）
「Diagnostic and Statistical Manual of Mental Disorders (DSM-5)」2013年

↓

**個々の障害（disorder）どうしの境界はあいまい。
診断は子どもの困りごとを反映しているのだろうか？**

現代の精神医学においては、WHO（世界保健機関）が作成したICDと、アメリカ精神医学会が作成したDSMという分類体系が主流となっており、世界共通の診断基準として使われています。精神医学の進展や認識の変化によって、何度も改訂されてきましたが、分類のしかたは妥当なのか、そもそも分類すること自体必要なのか、いまだに議論の余地があります。

診断名ではなく当事者のニーズに焦点を

精神疾患の客観的な分類が行きづまりを見せる一方、精神疾患を抱える本人（＝当事者）を中心とするアプローチが注目されています。当事者が自分の問題に「研究」対象として向き合う日本発の当事者研究や、当事者が家族やセラピストと対話を重ねるフィンランド発のオープンダイアローグなどがその例です。

精神疾患の診断分類が、医療的なケアや福祉サービスを受けることを可能にしているという側面もありますが、個人の多様性を無視した、診断のみにもとづく治療が、当事者に害をおよぼしているという現実もあります。この分類が、当事者自身の問題のとらえ方によって、どう変わっていくのか。哲学的な立場から、そのゆくえを見つめていきたいと思います。

石原先生からのメッセージ

ひとつの疑問を考え抜きたい人へ

物事をつきつめて考えてみたい人や、
とことん議論してみたい人に哲学は向いています。
哲学の領域に限界はありません。
人間を含めた世界のすべてが哲学の対象です。

石原孝二

悪いことばかりじゃない！ウイルスが人間にもたらす恩恵に注目する先生

変わり者ウイルスが病気を治す！

中でもボルナウイルスは、細胞を壊さずに増え続ける、持続感染という性質をもちます。この性質をいかして、患者の体の細胞に、必要な遺伝子を届ける技術を開発しています。

ウイルスは悪者だけじゃない！

新型コロナウイルスのように、時にヒトを死に至らしめる恐ろしいウイルスがある一方で、ヒトの役に立つウイルスもあります。私は、こうしたウイルスの有益な側面を研究しています。

生命の進化と密接なつながりが!?

ヒトをはじめとする多くの哺乳類のゲノムには、ボルナウイルス由来の遺伝子配列が組み込まれています。ボルナウイルスを知ることで、生命の進化の謎が解けるかもしれません。

File 12

牧野晶子 先生

京都大学 医生物学研究所
准教授

File 12

悪いことばかりじゃない！ウイルスが人間にもたらす恩恵に注目する先生

私はウイルスと細胞の相互作用を研究しています

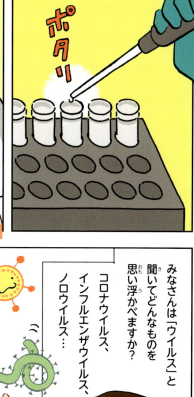

みなさんは「ウイルス」と聞いてどんなものを思い浮かべますか？

コロナウイルス、インフルエンザウイルス、ノロウイルス…

「悪いもの」「怖いもの」というイメージがあるかもしれません

ウイルスの種類は10の31乗個も存在するといわれています

その中には人間にとってよい作用をもたらすものも！

個！

例えば私が研究しているボルナウイルスはウイルスの中でも変わり者とされています

細胞の中で長いあいだじっとしながら増え続ける「引きこもり性質」をもつんです

これをうまく使えば医療に役立てられることもわかってきました

こんな私ですが子どものころから

ウイルス大好き！研究者になりたい！

と思っていたわけではありません

File 12

悪いことばかりじゃない！ウイルスが人間にもたらす恩恵に注目する先生

そのクラスメイトを追いかけ東大をめざし

がんばった甲斐あり無事合格

元々動物が好きだったこともあり獣医学を専攻します

印象に残っているのは大学4年生のときに行ったネコカリシウイルスのレセプターを探す研究です

ネコカリシウイルス
風邪のような症状が出る
ネコにしか感染しない

研究内容を簡単に説明しますね

ウイルスの感染にはレセプターという細胞表面の分子がかかわっています

ウイルスとレセプターは鍵と鍵穴のような関係で合わなければ感染することはありません

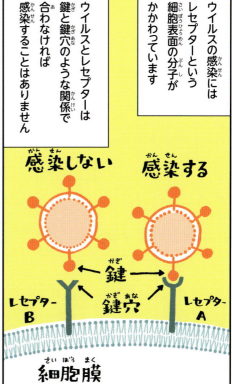

感染しない　感染する
←鍵→
レセプターB　鍵穴　レセプターA
細胞膜

シャーレの中にカリシウイルスをしきつめ

マウスの細胞にネコの遺伝子を入れたものを加えます

これで反応があった場合ウイルスとレセプターが結合したということになり

カリシウイルスのレセプターを特定できます

普通のマウスの細胞

ネコの遺伝子が入ったマウスの細胞

シャーレ

123

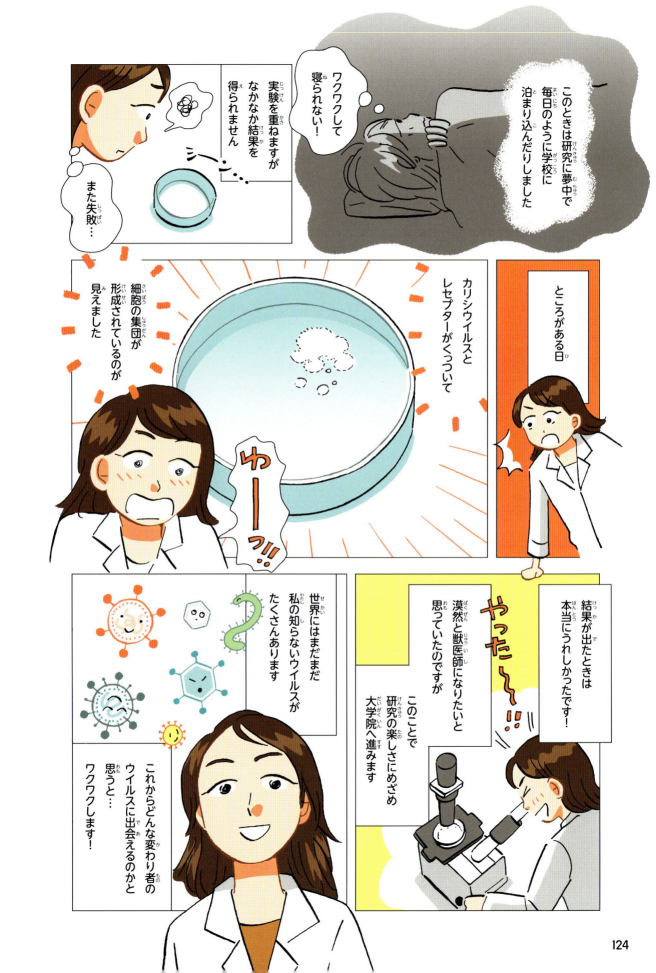

File 12

悪いことばかりじゃない！ウイルスが人間にもたらす恩恵に注目する先生

牧野先生ができるまで

忘れ物が多く成績はふつう

愛知で生まれ育ちました。通知表は3〜4ばかりで、忘れ物が多い子どもでした。好奇心が旺盛だったわけでもありません。しかし、知的なものへのあこがれは強くありました。クラスの男の子の中では、足が速い子より勉強ができる子を好きになりました。「賢い子たちはどうやって行動するのだろう？」と模倣するところから研究人生が始まりました。

死と隣り合わせの仕事ってかっこいい！

高校生のころ、サルの輸入でエボラウイルスがアメリカに持ち込まれたエピソードを描いたノンフィクションの『ホット・ゾーン』を読み、ウイルスの脅威に立ち向かう科学者の奮闘に心をつかまれました。その本の主要人物が獣医病理学者だったので、元々イヌとネコが好きだったこともあり、大学で獣医学を学びたいと考えるようになりました。

賢いクラスメイトへのあこがれ

同じころ、国語の授業で、中国の作家・魯迅について習ったときに、クラスメイトの男の子が「魯迅の小説『阿Q正伝』を読んだ」と言っているのを聞いて、「教養があってかっこいい…！」と感激しました。それまで私は北海道大学獣医学部を受験しようとしていたのですが、東大志望だった彼に触発され、東京大学農学部の獣医学科をめざすことにしました。

ウイルスが結合するレセプターを探せ！

幸いにも東大に合格し、獣医学科へ進学。4年生のころ、ネコにしか感染しない、猫風邪の原因となるネコカリシウイルスの研究を本格的に始めました。感染に重要な役割を果たすのは、レセプターと呼ばれる細胞表面の分子です。ネコカリシウイルスのレセプターを特定すべく、毎日のように大学に泊まり込み、実験を重ねました。

最初はうまくいかなかったけれど…

本来ネコカリシウイルスが感染しないマウスの細胞に、ネコの遺伝子を入れます。この細胞を、ネコカリシウイルスがしかれたシャーレに加えます。ウイルスとくっついた細胞が現れると、数日後に細胞が増えてきます。くっつく細胞が現れなければ、何日経っても細胞が増えてきません。なかなかうまくいかず、シャーレにまく細胞の量を工夫したりしました。

ウイルスと細胞がくっついた！

ある朝シャーレを見たら、細胞のかたまりができていました。これはウイルスとくっついた細胞がたくさん現れたことを意味します。これらの細胞を取り出してその中のネコの遺伝子を読んでみたら、レセプターが特定できました。ようやく実験がうまくいったときの喜びは何ものにも代えがたく、研究の楽しさにめざめた私は、臨床ではなく研究の道を選びました。

ウイルスの未知の側面との出会いを求めて

京都大学に赴任してからは、ウイルスそのものの研究だけでなく、医療に役立てるための研究を始めました。折り紙を折ることでウイルスのおもしろさを知ってもらう科学教材「ウイルスおりがみ」も開発しました。ウイルスには、人間がまだ知らない側面がたくさんあります。この先どんな側面を見つけられるのかと思うと、ワクワクします。

牧野先生の研究はここで生まれる！

京都大学 医生物学研究所 朝長研究室

> コロナウイルスなどを扱う際は防護服を着用

ウイルスがわかれば生命がわかる！？

京都大学医生物学研究所の前身となるウイルス・再生医科学研究所は、2016年にウイルス研究所と再生医科学研究所が統合して発足しました。私たちは、現在の研究所の名前にあるとおり、生物学的な視点を大事にしています。まさにこの生物学的な興味をひきつけてやまないのが、私たちが研究するボルナウイルスです。

ヒトや鳥類の神経に感染し、脳や胃などで病気を引き起こすボルナウイルスは、約1億年前に多くの哺乳類の祖先に感染したことがわかっています。これにより、ボルナウイルス由来の遺伝子配列は、ヒトをはじめとする多くの哺乳類のゲノム（遺伝情報）に組み込まれ、子孫へと受け継がれてきました。つまり、ボルナウイルスの謎を解き明かせば、生命とウイルスがどのように影響し合い、進化を遂げてきたのかがわかるかもしれないのです。研究成果を医療に役立てることももちろん大切ですが、私たちの多くは、まだ知らないことを知りたいという知的好奇心を満たすために、日々研究しているのですよ。

感染対策は万全
私たちの研究室の特徴は、この安全キャビネットの数が多いこと。外部より圧力が低くなっている内部でウイルスを扱えば、ウイルスが外に出てくる心配はありません。

File 12

悪いことばかりじゃない！ウイルスが人間にもたらす恩恵に注目する先生

朝長啓造教授率いる研究室
メンバーはみんなウイルスが大好き。1日中ラボに入り浸り、実験をしています。

番外編
折り紙でウイルスを教える

コロナ禍の影響でウイルスが注目を集めた2022年、子どもたちにウイルスのしくみを楽しく学んでもらうために科学教材「ウイルスおりがみ」を開発しました。

折り紙デザイン COCHAE／企画構成 三宅文子／写真 田中槙太朗

細胞を培養

ウイルスを加えた細胞を、培地（細胞の増殖を促す液状の物質）をしきつめたシャーレに入れて、この装置で温度、湿度、CO_2の濃度を一定に保って培養します。

127

牧野先生の研究をくわしく！

ウイルスってどうやって感染するの？

ウイルスはDNAやRNAと呼ばれる遺伝子と、それを囲むタンパク質の殻からできています。遺伝子は、自分を複製するための設計図の役割を果たしますが、ウイルスは、それをもとに組み立てるための設備を持っていません。そこで、設備を持っているもの（細胞）の中にもぐり込み、こっそり自分の設計図をまぜて複製させます。つまり、ウイルスは自分の力で増殖することはできないので、生きた細胞に寄生し、細胞が持つ設備を利用して増殖するのです。

ただし、ウイルスはどの細胞にももぐり込めるわけではありません。ウイルスと、ウイルスがくっつく細胞表面にある分子レセプターは、鍵と鍵穴のような関係で、その相性によって、細胞へのもぐり込みやすさが変わるのです。

ウイルス感染のしくみ

- タンパク質の殻
- 遺伝子（DNA、RNA）
- レセプター
- 結合
- 侵入
- 細胞内
- 部品複製
- 遺伝子複製
- 組み立て・成熟
- 放出

謎の多いボルナウイルス

地球上には10の31乗という膨大な数のウイルスが存在しますが、私たちはその中でも、ボルナウイルスというウイルスを研究しています。

ボルナウイルスは、他のウイルスとは違うおもしろい性質をもっています。多くのウイルスは、細胞の中にもぐり込み、増殖して外に出るまでの過程で、細胞にダメージを与えます。例えば、インフルエンザウイルスの場合、感染した細胞は破壊されます。一方ボルナウイルスは、生きた細胞の中にじっと留まるという性質をもっています。感染した細胞は破壊されません。

なぜこのような性質をもっているのか、レセプターは何かなど、ボルナウイルスはわからないことだらけです。私たちはその謎を解明し、医療に役立てることをめざしています。

128

File 12 ウイルスを使って病気を治す！

ヒトなどの生き物の体は、遺伝子によって設計されています。その遺伝子が変異すると、病気が引き起こされることがあります。このような病気を治すツールとして、ウイルスが細胞にもぐり込む性質を活用し、正常な遺伝子を細胞に運ぶ、ウイルスベクターが注目されています。

そこで私たちが期待を寄せているのが、ボルナウイルスの引きこもり性質です。この性質をベクターに活用すれば、細胞にダメージを与えることなく、治療に必要な遺伝子を長期間にわたって発現し続けられるかもしれないのです。

幹細胞のように、わかれたり増えたりを繰り返す細胞においても、ボルナウイルスは感染を維持します。私たちは、この性質をベクターに使って正常な遺伝子を導入した幹細胞を、患者に移植するための技術開発をしています。実用化までの課題は多いですが、さまざまな機関と連携しながら安全性を検証し、将来は難病の治療にも役立てたいと考えています。

悪いことばかりじゃない！ウイルスが人間にもたらす恩恵に注目する先生

ボルナウイルスの性質を利用したベクター REVec とは？

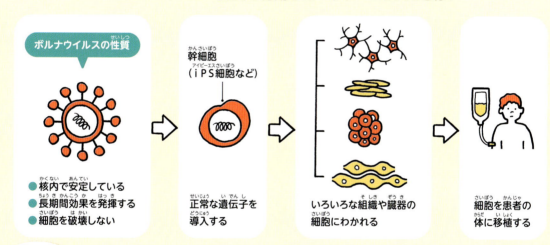

ボルナウイルスの性質
- 核内で安定している
- 長期間効果を発揮する
- 細胞を破壊しない

幹細胞（iPS細胞など）
正常な遺伝子を導入する

いろいろな組織や臓器の細胞にわかれる

細胞を患者の体に移植する

牧野先生からのメッセージ

おもしろがるクセを身につけよう

何事にも自然に興味をもつことができる人もいますが、私はそうではありませんでした。
意識的におもしろがれば、自ずとおもしろくなっていくもの。
好奇心は自分でつくることができるのですよ。

牧野晶子

研究にまつわる基本用語集

本書に登場した、研究にまつわる基本用語を解説します。研究に興味をもった人は、ぜひ進路を考える際の参考にしてみてください。

【大学】

幅広い教養を身につけるとともに、興味のある学問分野を専門的に学ぶ教育機関。国立、公立、私立がある。4年制が一般的だが、医学部・薬学部など6年制もある。学問分野に応じてさまざまな学部にわかれており、学部は学科やコースなどにわかれている。学部に応じて入学試験が異なる場合が多いが、入学後に学部を選択できる場合もある。

【大学院】

大学の学部で学んだ分野について、さらに専門的に研究を行う教育機関。多くの場合、成績証明書や研究計画書を提出したり、筆記試験や口述試験を受けたりして、大学院が求める基準を満たせば入学することができる。修士課程と博士課程にわかれる。一般的に修士課程は2年、博士課程は3年。

【講義】

大学などにおける授業の一つの方法で、大学の授業の多くの時間を占める。座学とも呼ばれ、教員が板書やスライドを見せながら知識を伝授する形式が一般的。文部科学省によると、日本の大学の授業の方法には、この他に、演習（ゼミはこの一種）、実験、実習、実技が定義されている。

【ゼミ・研究室】

特定の教授や准教授らの指導のもと、基礎的な研究スキルを学びつつ、専門的な知識を深める、少人数制の授業の形式。一般的に学部3年生から所属することが多く、成績や希望などに応じて、どのゼミ・研究室に所属するかが決まる。自分で設定したテーマをもとに実験や調査を行い、論文を書いたり発表や討議をしたりする。

【論文】

あるテーマに関する主張を、論理的な根拠を挙げて、読み手に説明した文章のこと。構成のしかたや引用のしかたなど、適切な形式に則って書く必要がある。学術雑誌などに投稿された論文は、第三者の専門家によるチェック（査読）を通過すると、信頼性が高いものであるとされ、掲載される。研究者の実績は、査読を通過した論文の発表数で判断されることも多く、また、在学中に査読を通過した論文を発表することが博士号取得の条件になる場合もある。

【学会】

特定の学問分野における研究者が集まり、研究の質の向上や、研究者どうしのつながりのために、自主的に運営する組織のこと。研究内容を講演形式で発表する口頭発表や、ポスターを用いて視覚的に説明するポスターセッションを行ったり、ワークショップやセミナーを開催したり、学会誌を発行したりする。世界中から研究者が集まる国際学会もある。

【学位】

どれだけの年数の教育を受けたかを示す、国際的な基準のこと。最も高い学位から、博士、修士、学士などがあり、博士号、修士号、学士号などと呼ばれ

130

ることもある。「理学博士」のように学問分野とセットで示されることが多く、特定の学問分野における自分の専門知識や研究スキルを客観的に提示することができる。

【学士課程】
4年制大学の教育課程。必要な条件を満たして卒業すると、学士(バチェラー)という学位を取得できる。学位取得に卒業論文の提出を課す場合もある。大学を卒業しなくても、独立行政法人大学改革支援・学位授与機構が定める審査に合格したり、通信教育や夜間コースを採用する大学を卒業したりすれば、通常の大学卒業者と同等以上の学力があると認められ、学士の学位を取得できる。

【修士課程】
学士課程を修了したあとに進学する課程。博士前期課程と呼ばれることもある。自分で設定したテーマの研究に取り組み、最終的に修士論文を執筆する。

この論文が学内の審査に通ると、修士(マスター)という学位を取得できる。修士は、一定の専門知識や基礎的な研究スキルがあることを証明する学位で、海外では採用条件として修士以上の学位を求められるケースが少なくない。

【博士課程】
修士課程を修了したあと、本格的に研究者をめざす場合に進学する課程。博士後期課程と呼ばれることもある。引き続き研究に取り組み、博士論文を執筆する。この論文が学内の審査に通ると、博士(ドクター)という学位を取得できる。博士は、研究者として独り立ちできるレベルのスキルがあることを証明する学位で、海外でも高く評価される。

【教授】
専門分野の研究と学生への教育を主な業務とする。国や大学などから研究費を得て、実験や調査を行い、論文を執筆したり、学会で発表したりするのが

研究。一方、カリキュラムを作成して授業を担当したり、ゼミや研究室で学生の卒業論文や修士・博士論文の指導を行ったりするのが教育。他にも、大学や学部の運営、学生の就職のサポート、本の執筆やメディア出演など、活動は多岐にわたる。

【准教授】
教授に次ぐ役職。教授のサポート役ではなく、独立した教育者、研究者と見なされる。

【講師】
教授や准教授と同様、自身の研究を行いつつ、授業を担当したり学生の研究を指導したりする。教授や准教授ほどの権限をもたない。フルタイムの常勤(専任)講師と、パートタイムの非常勤講師にわけられる。

【助教】
教授や准教授の下について、自身の研究を行いつつ、授業を担当したり学生

の研究を指導したりする。多くの場合は任期付きで、任期内に准教授などをめざすのが一般的。

【助手】
教授や准教授のアシスタント。博士課程を修了した者が務めることが多い。

【研究所】
研究を行うための特別な設備を備えた施設。大学の研究所を除くと、国や民間企業などが運営する研究所があり、国立の研究所でいうとJAXA(宇宙航空研究開発機構)や理化学研究所など、企業の研究所でいうと豊田中央研究所やNTTコミュニケーション科学基礎研究所などが挙げられる。国立や大学の研究所は国の発展や未知の探究のため、企業の研究所は企業の利益のための研究を行うケースが多い。

※このページでは、それぞれの用語に対して一般的な定義を解説していますが、大学等によって定義が異なることもあります。

興味があることから、自分に合っている学問を探してみましょう。

※この診断は、すべての学問分野を網羅しているものではありません。また、学問の分類や位置づけは大学等によって異なるものであり、この診断は編集部の独自の考え方にもとづいてつくられたものです。

キミに向いている 学問診断

人がつくってきたものを知ることに興味がある

文学

言葉、思想、文化、芸術、宗教…。これらはすべて人がつくってきたものです。これらを研究し、人の本質を探るのが文学です。

文学の一部とされることが多い学問の例
日本語学、外国語学、言語学、日本文学、外国文学、哲学、心理学、文化学、地理学、歴史学、考古学

人の成長にかかわることに興味がある

教育学

教育にかかわるのは学校の先生だけではありません。研究者として、よりよい教育のあり方を考えたり、子どもを理解しようとしたりするのが教育学です。

いま社会で起こっていることに興味がある

社会学

社会ではどんな問題が起こっているのか。何が流行しているのか。社会問題や社会現象を学術的に調査・研究するのが社会学です。

社会の秩序をつくることに興味がある

法学・政治学

人はひとりでは生きていけません。人が秩序をもって集団で暮らすためにはどうすればよいのか、法律から考えるのが法学、政治から考えるのが政治学です。

お金で社会を豊かにすること に興味がある

経済学・経営学・商学

お金は社会を発展させ、豊かにしてきました。お金の流れを理論的に学ぶのが経済学、その理論を企業経営やマーケティングに応用するのが経営学や商学です。

人を健康にすること に興味がある

医学・薬学

人の健康を守るため、病気の治療や予防に取り組むのが医学、医療に欠かせない薬の可能性を追究するのが薬学です。関連する学問に、歯学や看護学もあります。

食や命を守ること に興味がある

農学

私たちの衣食住を支える農作物の栽培や生産にかかわる技術を学ぶのが農学です。関連する学問に、水産学、畜産学、獣医学もあります。

自然界の法則を解明すること に興味がある

理学

生物や宇宙など、無秩序に見える自然界にも、実は法則があるかもしれません。それを解き明かし、理論として構築するのが理学です。

理学の一部とされることが多い学問の例
数学、物理学、化学、生物学、地学（地球科学）

社会に役立つ技術を生み出すこと に興味がある

工学

機械やエネルギー、さらにはAIまで、モノづくりにかかわる知識を学び、社会に役立つ技術を生み出すのが工学です。

工学の一部とされることが多い学問の例
機械工学、電気・電子工学、建築学、環境・都市工学、情報・システム工学、資源・エネルギー工学、材料工学、航空・宇宙工学、応用化学

研究の種を育てるアイテム

酒井雄也先生 おすすめ！

妖怪の読み物はアイデアの源泉
水木しげる 妖怪大図解

著：水木しげる　刊：小学館

『ゲゲゲの鬼太郎』で知られる漫画家・水木しげる氏が妖怪を大図解した書籍です。架空の存在であるはずの妖怪の身体的特徴や能力がリアルに解説されています。幼いころこのような読み物に触れたことが、研究に役立つ想像力や発想力の原点になっているように思います。

金光桂子先生 おすすめ！

古典のワクワクがつまった宝箱のような一冊
文車日記（新潮文庫）

著：田辺聖子　刊：新潮社

『万葉集』や『源氏物語』などの古典文学の魅力をわかりやすく紹介するエッセイ集。幼いころから古典文学に親しんでいた著者が、心の中の宝物をひとつひとつ取り出して見せてくれるようなエッセイ集で、私が古典を好きになったきっかけのひとつでもあります。

雨宮智浩先生 おすすめ！

科学者のロマンだけでなく苦悩も描く
バック・トゥ・ザ・フューチャー＊

監督：ロバート・ゼメキス　製作総指揮：スティーブン・スピルバーグ　配給：ユニバーサル・ピクチャーズ

科学者ドクが発明したタイムマシンで、主人公マーティがタイムトラベルする物語。シリーズ3作から成るアドベンチャー映画です。タイムトラベルによって世界を変えてしまうことに対する科学者の苦悩も描かれており、科学の両面を楽しみながら学ぶことができます。

村山美穂先生 おすすめ！

知はアップデートしていくもの
新編 銀河鉄道の夜（新潮文庫）

著：宮沢賢治　刊：新潮社

少年ジョバンニが銀河鉄道で出会った男に、地理や歴史の辞典には「そのときみんなが考えていた地理と歴史」が書いてある、と教わるシーンが印象に残っています。私たちが絶対だと思ったことも変化していく。それが学ぶことのおもしろさだと教えてくれた一冊です。

小泉悠先生 おすすめ！

核兵器の恐ろしさを伝える絵本
風が吹くとき

著：レイモンド・ブリッグズ　訳：さくまゆみこ
刊：あすなろ書房

イギリスの老夫婦ジムとヒルダの暮らす街に核爆弾が飛来。夫婦の暮らしは一変し…。絵本『スノーマン』で知られる作者の素朴で温かみのある絵が、核兵器の恐ろしさをいっそう際立たせます。世界中で戦争が起こる今だからこそ、みなさんに読んでほしい一冊です。

佐々木貴教先生 おすすめ！

壮大なスケールで人類の課題を予言
火の鳥2 未来編（角川文庫）

著：手塚治虫　刊：KADOKAWA／角川文庫

『火の鳥』シリーズの最高傑作。人類の宇宙進出、AIへの依存、核戦争の危機など、まさにこれから人類が直面せざるを得ない地球規模の課題がすべて先取りされていて、きわめて示唆的な物語です。みずみずしい感性をもった小中学生のうちに読んでもらいたいです。

©手塚プロダクション

＊ 4K Ultra HD＋ブルーレイ：6,589円（税込）／ Blu-ray：2,075円（税込）／ DVD：1,572円（税込） 発売元：NBCユニバーサル・エンターテイメント（本書が発行された2025年1月現在の情報です。）

本書に登場した12名の先生たちが、
読者のみなさんにおすすめしたい本や映像作品を1点ずつ厳選して紹介します。
気になるものがあれば、ぜひ手にとってみてくださいね。

平田彩子先生 おすすめ！

ことばによってものの見方や考え方が変わる
ことばと文化（岩波新書）
著：鈴木孝夫　刊：岩波書店

日本語と外国語の違いを分析し、文化が違えばことばも異なるということを明らかにする本です。高校1年生のときに読んだのですが、自分のことばの蓄積次第で、物事の考え方や理解のしかたが変わってくると知り、衝撃を受けました。中学生からでも読めると思います。

吉井秀夫先生 おすすめ！

多くの考古学少年少女を魅了してきた一冊
「岩宿」の発見
幻の旧石器を求めて（講談社文庫）
著：相沢忠洋　刊：講談社

著者が群馬県の岩宿遺跡で石器を発見し、学界で否定されていた旧石器文化の存在を明らかにするまでを記した自伝。私を含め、この本を通して考古学を志した考古学者は少なくありません。思いがけない発見で定説を覆す、考古学のロマンが感じられる一冊です。

伊藤惠理先生 おすすめ！

夜空を見上げたくなる図鑑
宙の名前　新訂版
著：林完次　刊：KADOKAWA

天体写真と、夜空にまつわる言葉や物語の数々をまとめた図鑑。試験勉強の合間に眺めては、空の美しさに魅せられ、世界をつなぐ仕事がしたいと自分を鼓舞していました。太古の昔から人々がさまざまな言葉や物語に表現してきた、夜空の魅力に浸かれる一冊です。

横地優子先生 おすすめ！

想像が広がるファンタジーの傑作
最後のユニコーン〔新版〕
（ハヤカワ文庫FT）
著：ピーター・S・ビーグル　訳：鏡明　刊：早川書房

この世で最後の一頭となってしまったユニコーンが、仲間を求めて旅に出る物語。アメリカのモダンファンタジーの傑作です。現実を超越した世界を描くファンタジー小説は、想像力を豊かにします。このような読書体験が、現在の私のインド神話研究につながっています。

石原孝二先生 おすすめ！

奇想天外な異世界への旅
ガリバー旅行記
著：ジョナサン・スウィフト　訳：柴田元幸
刊：朝日新聞出版

産業革命前のイギリスから、小人の国、巨人の国、馬が支配する国などに渡航するガリバーの冒険譚。当時の社会への痛烈な風刺であり、人間や社会とは何かを深く考えさせる哲学的な寓話でもあります。訳者の訳注によって、著者や当時の一般的な考え方を知ることができます。

牧野晶子先生 おすすめ！

科学者とウイルスの戦いを描くノンフィクション
ホット・ゾーン
（ハヤカワ文庫NF）
著：リチャード・プレストン　訳：高見浩　刊：早川書房

1989年、サルの輸入でアメリカに持ち込まれたエボラウイルスの制圧作戦の全貌を描いたノンフィクション。コロナ禍における医療従事者の奮闘にも重なります。ウイルス感染のメカニズムの解説書としても、息をのむスリリングな展開の小説としても楽しめます。

NDC 002　特別堅牢製本図書

Gakken　2025　136P　25.7cm
ISBN 978-4-05-501457-1　C 8600

キミの「なぜ」も世界を変える!?
ものすごい研究図鑑

2025年2月11日　第1刷発行

漫画
はしゃ
(File 01、03、05、07、09、11)
スケラッコ
(File 02、04、06、08、10、12)

カバーイラスト
スケラッコ

挿絵
加納徳博

写真
斉藤秀明
(File 01、03、05、09、11)
田中秀明
(File 02、04、06、08、10、12)
Haozhou Lin (File 07)
※上記3名が撮影していない写真については、写真付近に写真提供者のクレジットを記載しています。

アートディレクション
尾崎行欧

デザイン
本多亜実、炭谷倫
(尾崎行欧デザイン事務所)

校正
株式会社鷗来堂
村西厚子
阿部薫
佐々木花朋
山根聡太

編集協力
佐々木章太

企画・執筆・編集
澤田未来

発行人　川畑勝
編集人　志村俊幸
編集担当　澤田未来
発行所　株式会社Gakken
　　　　〒141-8416
　　　　東京都品川区西五反田2-11-8
DTP　　株式会社センターメディア
印刷所　株式会社広済堂ネクスト

この本に関する各種お問い合わせ先
・本の内容については、
　下記サイトのお問い合わせフォームよりお願いします。
　https://www.corp-gakken.co.jp/contact/
・在庫については Tel 03-6431-1197 (販売部)
・不良品 (落丁、乱丁) については Tel 0570-000577
　学研業務センター 〒354-0045 埼玉県入間郡三芳町上富279-1

© Gakken / Sukeracko / Hasya / Tokuhiro Kanoh
2025 printed in Japan

本書の無断転載、複製、複写 (コピー)、翻訳を禁じます。
本書を代行業者等の第三者に依頼してスキャンや
デジタル化することは、たとえ個人や家庭内の利用であっても、
著作権法上、認められておりません。

学研グループの書籍・雑誌についての
新刊情報・詳細情報は、下記をご覧ください。
学研出版サイト https://hon.gakken.jp